生と性

生涯のパートナーシップ

支えられて、ひとり生きる

村瀬幸浩 編著

序　連れ合いを亡くした日

２０２４年３月16日　妻敦子が亡くなった。肺腺癌によるもので、享年81歳、58年連れ添ったパートナーであった。突然の死ではなかった。足掛け４年にわたる闘病と、それに伴う濃密な暮らしを重ねた、覚悟の上でのことではあった。

しかし、妻が亡くなったその日、いまわの際に私は傍らに居られなかった。早朝、名古屋に出向かなければならなかったからである。名古屋の日赤八事病院で開かれる市民向け性教育講演会（なごみ講座）に招かれていたのである。そのため妻の朝食の食事介助をすべくパンと牛乳、スープ、ジャム、それにサラダなど職員の方が運んでくれるのを待っていた。妻はこのところジャム付きのパンが結構好きで、日によっては、「あ、今日は食欲があっていいいな」と思う程、力づよく食べる時もあったので、幾分楽しみに待っていた。

ところがその朝はいつもとかなり様子がちがっていた。表情がとても乏しいというか変化がないように思われた。牛乳が入ったコップをいつもは両手で持って飲むのだが、その朝は、毛布の中から右手が出てこなかった。「コップを持って」と言っても反応がない。出発すべき時刻が迫ってきて、私に時間の余裕がなくなるので、「じゃあ、コップじゃなくて、吸い飲みに入れて飲もうか」と言って、口まで持っていくが力強く吸うことが出来ない。ジャム付きのパンもそれまでのように噛みつく力もないようだ。私は、「これはいつもと違う」、不吉な予感みたいなものを覚えた。

しかし、ここで時間を費やすわけにはいかない。新幹線の時刻が迫ってくる。私は担当の介護職員の方にあとをお願いして出かけなければならなかった。「じゃあね。行ってくるからね」と言ったが妻の反応はなかった。が少し、うなずいたような気がした。それが最後のやりとりだった。

東京駅に向かう電車の中で、私は娘の朋子にショートメールを送った。「お母さんの様子がいつもとちがってとても心配です。朋子がお母さんのいる介護施設に向かう時はいつもと違う〝覚悟〟が必要になるかもしれない。そのつもりで行ってください」。

予定では、娘は夕方施設に向かう筈だったが、施設から緊急連絡があり、午前中に急行した。そして、私に状況を報告してきてくれた。私としては、講演時間が迫っているので、「状況判断やその後の方針については、すべて朋子にまかせる。父親としてはその判断にすべて従うから施設の人と相談して決めて下さい。頼むね」と伝えた。その後、娘から妻が息を引きとったとの電話があった。私はそのことを駅から会場に向かうタクシーの中で聴いた。医師による死亡時刻は午後0時7分であった。

いまわの際には、娘ひとりだったが連れ合いの幹太さんや息子の剛一も神奈川の方から駆けつけて看取ってくれた。その後、遺体を家にうつすため家の中の片付けや安置場所づくりを皆で急いで行い夕刻、前年の10月5日以来、5ヵ月余りぶりに妻は家に戻ったのである。

夜、東京に帰って、私は娘に「お母さんとなにか話せた？　苦しそうじゃなかった？」とたずねた。その問いかけに「何も話せなかったけど、亡くなった時のお母さんの顔は少し口角が上がって笑顔のように見えたよ。痛いとか苦しいとか全然なかったみたいだよ」と皆口をそろえて言ってくれた。

後日、その時の写真をみせてくれたが本当に少し微笑んでいるようにみえた。「よかったなあ」「嬉しいなあ」との言葉が思わず口について出た。

目次

生と性　生涯のパートナーシップ
支えられて、ひとり生きる

第二章　私たちの歩みをふりかえる　46

第三章 パートナーシップの行方

第一章　それぞれの〝生と性〟の歩みをたどる

エピソードⅠ

私のセクシュアリティに影響をもたらしたもの

私が育った街のこと

　私が生まれ育った名古屋の家に近くに遊郭があった。名古屋には「中村」という大きな遊郭があったが、私の生家の近くの「八幡園」は、それに次ぐ大きなところであったらしい。売春防止法が成立したのは、昭和33年（1958年）であるから、私が高校を卒業するころまで公認で営業していたことになる。敗戦後、その日の食べものに困った人々や借金・貧困など、本人はもとより家族の窮乏を救い、子どもの飢えを充たすために女性たちのなかには娼婦として身を売らざるをえない人たちがいた。また、街娼として街角にも立った。私の家の近くの運河沿いの建物の蔭にもそうした女性たちがあちこちにいたし、「八幡園」では、親の借金のかたとして、身売りした女性たちが売春させられていたのである。

子どものころの私には、そんな理由《わけ》など理解する力はなかったが、何か子どもが近づくところではないような感じは幼いながら持っていた。その数ある店の一つに友だちのお父さんが経営する娼家があった。私は彼の家に時々遊びに行っていた。昼間遊びに行くと夜の仕事を前にお喋りしたり、休んだりしている女性に声をかけられたり、話し相手をしたりした。話し好きなとびきり明るく振る舞う、よく笑う人たちばかりだったように思う。私はその女性たちとすごしたわずかばかりの時々をフワッと楽しく思い出すことが出来る。そして、少年の心に大人の女性たちへの甘美な憧れが芽生えていたようにも思う。その人たちの中に時折、地域の劇場の舞台で歌謡曲を歌う

公会堂の舞台に兄とともに出演した時のもの
左から３人目が私、その右隣が長兄

子どもの私に興味を持つ人たちがいて、しばしば「おひねり」などを投げて応援してくれていたのである。

ここで少しだけ、子どものころの私の芸能歴について説明する必要があるように思う。当時（5歳から10歳のころまで）私は、地元の劇場の舞台に不定期ではあるが出演していた。子どもが唄うといっても童謡ではない、歌謡曲である。というのは、私の兄（24歳年上の）は当時テイチクレコードと少しかかわりがあったこともある歌い手でもあったが長男であるため、家業の跡取りをせざるをえなかったらしい。そのために歌の道をあきらめたが家業を継いでからもいろいろなところから声がかかり、時折り地元の方たちの宴会や刑務所の慰問や劇場出演などをやっていた。そうした時に長兄は私に同行を求め、私もついて廻ったりしたのである。後述することになるが、80才すぎになって、ちょっとしたキッカケがあって、地元にあるカラオケサークルに入ったがそこになつかしい居場所にいるようなものを感じたのもこの経歴と関係があるだろう。

さて、やがて高校生、大学生になって、私はわが国における性の売買についてくわしく学ぶことになった。西口克己著「廓」には、性の売買を業《なりわい》とする男の遍歴が描かれているが、その男たちに翻弄された女たちの姿には頭をしめつけられるような悲しみや怒りを覚えた。また、そこに至る体験として、あの八幡園の女性たちが街頭でヒモか何かわからないが男に殴打されたり、時には無理やり車に押し込まれたりする姿が刻まれている。さらに、親しくしてくれたお店の女性がわけもわからず突然いなくなることもあった。そうした姿が「廓」に登場する女性たちと二重写しになり、私は支配する男たちを嫌悪した。

そして、自分はそういう男には決してなるまいと強く決意していることに気づいたのである。この少年時代の出来事や体験がやがて「性」を自分の生涯の課題というか研究テーマにしようとする密かな下地になっていたように思う。

「思春期の城」のなかで

ところで私は中学・高校の6年間、男子校で学び生活した。この間家庭では父親をはじめ皆に我が儘を言って、裏庭に3畳敷程の掘立小屋を建ててもらい、思春期の大半をそのひとり部屋で過ごした。六人きょうだいの家族のため自分だけの空間が何としても欲しくて、その我が儘をきいてもらったのである。そこは、私にとってまさしく「城」であった。

倉田百三（明治24年生。大正・昭和初期に活躍した劇作家、宗教評論家。「出家とその弟子」は、代表的な戯曲である。ロマンローランがこの作品を高く評価し、翻訳もされた。「愛と認識の出発」「青春の息の痕」などの評論集もある）の本との出会いもその部屋で、戦後、教員不足の時、代用教員をしたことのある兄の私物の中からみつけたのが、きっかけだった。私は当初その作家の名前も知らずページを繰っていたが、次第にその著述から目が離せなくなっていた。

＊＊＊

性欲と肉交は、初めより終わりまで肉である。そのどこにも霊はない。

肉交は、愛の象徴ではない。性欲の象徴であることを認める

肉欲のエクスタシーは、愛のエクスタシーではない。互いに相手の運命を忘却して自己の興味に溺れた時におこる。

愛の絶対境は、犠牲であって、肉交ではない。肉交はエゴイズムの絶対境である。

たとい相愛の人といえども肉交するときは、決して相手を愛していない。二人が真に愛しているときは、感謝と涙にはなるが肉交にはならない。

＊＊＊

私はこれら倉田の言葉・文章にふれて腸《はらわた》をわしづかみされたように思った。そして、打ちのめされながらも、一方で、強く反発する気持ちが涌いてくることを自覚した。この葛藤は、大学生活に於いても続いた。

性欲と肉欲を同一視したり、肉欲と愛を両立しえないものとする考え方に、性の多様性と多面性を全否定する狭量を感じとって強い反発を覚えた。しかし、自らの性欲の猛々しさをもて余しがちな自分のエゴイズムもまた認めざるをえない。そこに性の売買を生業とする男たちの姿が重なるのである。こうした葛藤を乗り越えるには、それからまた長い時間が必要だった。

曙光――敦子さんとの出会い

私と敦子さんとの出会いは、東京教育大学体育学部の学生の頃、私を含めた数人が企画して、学部生たちに「教育のこと、体育のこと、学生生活のことなど、学び合い、話し合うため」の合宿研究会への参加を呼びかけたのがきっかけだった。そのよびかけに、20名ほどの希望者が応じてくれたが、その中の一人に敦子さんがいた。この合宿は、3年の夏、企画メンバーの一人の出身高校の宿泊施設（榛名湖畔にある）を借りて開催することにしていた。

参加者の集合場所は、高崎駅の改札口付近で、そこからバスで榛名湖に向かうことになっていた。私は少し早めに駅に着いたが（その頃の高崎駅は木造の、いかにもひなびた雰囲気が漂っていた）すでに7～8名の人たちが賑やかに話をしていた。その中に、後に、私の妻になってくれる敦子さんがいたのである。もっとも、その名を知ったのは、湖畔に向かうバスの中で、たまたま隣り合わせになり、互いに自己紹介をしてからであるが。

小杉敦子さんの第一印象は〝よく笑う人だな〟ということであった。笑うと前歯にかぶせてある〝金属〟（？）が目立つのだが、それも愛嬌のように私には思われた。ついで、強い印象に刻まれたのはポニーテールである。もっともその髪型がポニーテールといわれるものであることを私は知らなかったし、そうした髪型の女性を見るのも初めてであったように思う。歩くと本当に仔馬の尻尾のように右に左にはねるように揺れて面白かった。

私はこの人と話をしてみたいと思った。湖畔に向かうバスで隣り合わせになったのが偶然だったかどうか覚えていないが、おしゃべりの中で次のようなやりとりをしたことを不思議に覚えている。それはこんなことである。バスがかなり勾配のはげしい山道を上りはじめやがて車窓から崖下を見下ろすカーブにさしかかった時「すごい崖でおそろしいですね。落ちたりしたら…」と彼女が声をかけてきた。その時、私は「ウーン、でも人間ってどうせいつかは死ぬんですから」と応答したのである。なぜ、こんなことを今もはっきり記憶しているのだろうか、その言葉のつぎには「人間って、自分の人生って、それほど執着する価値があるとは思えないし、大したものでもないのではないか、死ぬことだって、それほどおそれるものでもないように思う」というようなせりふが続くはずであった。そのせりふは声にこそ出さなかったが、確かにその頃の私は人生に対して決して前向きではなく幾分捨て鉢な捉え方をひきずったまま生きていた。そうした自分の心境が彼女の言葉がけを受けて、はからずもこぼれてしまったのである。

合宿はとても楽しかった。みんなよく話し、よく笑い、そしてよく学び合った。最終日の前の夜にはダンスパーティーのまねごとのようなことをした。私は彼女とも組んで踊った。クニャッと柔らかいからだだなと思った。抱きしめたいと思った。

後に60歳すぎになり、二人で書いた『素敵にシニアライフ』(大月書店)の「いいことめっけ」の章に私はこう書いている。「ところであなたのいいところ。まず笑顔がいい。私が最初に惹かれたのはあなたの邪気のない笑顔であった。当時(大学三年の夏)私自身、人生選択をめぐるいろいろと屈折した気分や状況の中にいて、屈託なく笑うことなど考えら

麦畑の中で微笑む敦子さん

れない日々を生きていたせいもあったが、ともかく、彼女のその笑顔は、魅力的だった。それ以来、私はあなたのあの屈託ない笑顔を見たくて、あれこれと努力してきたように思う」。あれこれ行きづまって、それこそ「屈託そのものの中で」（こんな言葉があるのかどうか）辛うじて生きている気分の私にとって、彼女の笑顔は「曙光」であった。私たちの付き合いは、こうして始まったのである。

敦子さんとのことで、もう一つ書いておきたいことがある。それは、当時「わらび座」という秋田に本部がある民族歌舞団との出会いと交流に関してである。私は以前からこの歌舞団の公演を何度か観ていた。日本の歌舞の力強さ、明るさに強く惹かれていた。敦子さん自身も大学のダンス部に所属して活動していたこともあり、ある時、敦子さんを熱心に誘ってわらび座の舞台公演を観に出かけた。

彼女は、その舞台に強く心を揺り動かされたようであった。

そのせいもあったのであろう。彼女は四年生の夏、２週間程、わらび座に泊まり込んで、座の研究生の方々のアドバイスを受けながら、勉強する計画を立てていた。卒業論文のテーマに民族舞踊をとりあげる決意をしたようであった。実は私自身、（その時には、すでに和光高校での教師一年目であった）高校三年生の体育実技の授業で「日本の踊り」をとりあげていて、自分自身もっと学びたい、踊りの技ももっと身につけたいと考えていた。そこで彼女のわらび座での研修プランに賛同し、私自身も秋田へ出かけて座の方々にいろいろ教わることにした。ただ、私はすでに学校での勤務があるので、三泊しただけであったが貴重な学びの経験をした。稽古場と宿舎をつなぐ、真っ暗な田舎道を満天の星空のもと、手をつないで行き来したことなど、忘れられない日々であった（敦子の日本の踊り探究の意欲は、後年、藤間流の免許取得や国立劇場での舞台公演に結びついた）。

私たちは、彼女の卒業を待って、その翌年の6月結婚した。私23歳、敦子は桐朋女子高等学校に職を得たその年、22歳になったばかりであった。実に若い結婚であった。

結婚の決意を報告するため久し振りに名古屋へ帰った。長兄（私の舞台出演をリードしてくれた）は私に「お前は敦子さんを喰わせていけるのか」と真先にたずねた。「喰わせてはいけないよ。一緒に働いてやっていくよ」と即座に私は答えた。若い未熟な夫婦のスタートであった。でも、一所懸命に生きていこうと思った。

エピソードⅢ

結婚はゴールではない、スタートである

「先生は、男なのに、それにお医者さんでもないのに、どうして性教育を専門にしようと思ったんですか？」。講演を頼まれて出かけた学校で生徒から直接質問されることも稀にあるが、大体は事前のアンケート用紙に書き込んであることが多い。生徒にしてみれば性の話をするのはまず女性、医師の場合は男性であることもあるが、助産師、看護師、保健師など、まず女性の人であるからであろう。大学で講義をはじめた頃は、「講義をするのが男性であることを知って、どんな話をされるのか、不安だった」とか「講義をききはじめたときは違和感を感じた」などの意見がいくつもあったほどである。「いいことを訊いてくれたねぇ。実は私が今日講演で話したいと思っていた大切なことの一つがその質問への回答だったのです」。こんな前ぶりをして、私は自分の性の歩みについて話し出すことがある。

中高の六年間、いわば思春期から青年期という、性や愛をめぐる煩悶の真中にあるこの

時期を私は男子校ですごした。ジェンダーバランスの偏りの最たるところである。当時、子どもや青年たちがまともに性について学ぶ機会はまずなかった。それは、男子校だからというわけではない。月経について女子が学ぶ時、男子はそこに居なかったのである。また、大人たちは、青年に向かって「愛の何たるか」「性の何たるか」誰も語らなかった。そのことで、誰を怨むつもりもないが、これは大人として、社会人として、無責任ではないか。「勝手に悩め！　勝手に傷つけ！　勝手に生きろ！」、子どもたち、青年たちは性や愛について放置されてきたし、今も放置されていると私は思う。

実は、私自身、性のむずかしさについてまともに考えるようになったというか、本当に考えざるを得ないように思ったのは、結婚してからであった。私が結婚したのは、23歳の春であった。年齢のせいだけではないが私にはまだ、自分以外のもう一人の人間の人生をしっかりと受けとめるだけの許容力というか度量というものがそもそも備わっていなかったと思う。加えて、もて余す程の、自分の性的関心や欲求と妻の欲求や関心とのずれ、くい違いを懐深く大きく見つめる力にも乏しかった。そのために自分の欲求が受け入れられないと不機嫌になったりした。第一、月経についてさえ、まともな知識も理解もなく、月経に伴う心身の不調をどこか冷ややかに見つめる程度の自分であったことを思えば、結婚に伴う共生生活が「緊張」とともにスタートしたとしても、それは当然であったと言えるだろう。

やがて、子どもが生まれ、育児という新たな課題との取り組みが始まった。共働きしながらの子育ては、予想をはるかに超える大変さで、まさしく夫婦としての「関係の正体」(恋愛の続きなどではなく)が問われる日々が続いた。朝早く、子どもがまだ半分眠っている時間にご近所の本間さんに子どもを預け(実際に、その朝の寒さで子どもが眼をさました時もあった)その本間さんに保育園に連れていっていただく、帰りもまず夕方に保育園から連れて帰っていただき、夜、本間さん宅に寄って、自宅(当時は借家であったが)に連れて戻る、いわゆる二重保育の暮らしであった。そのため、私の娘は、本間さんを「ママ」と呼び、自分の母親を「お母さん」と呼んでいた。

ところがある日、本間さんのご都合が急に悪くなり、私たち夫婦のどちらかが娘のいる保育園に夕方迎えにいかねばならなくなった。だがその日は水曜日で、私も妻も放課後職員会議が組まれていた。「どうしたらいいのだろう」と。その時妻から電話がかかってきた。

「あなた、朋子を迎えに行ってくれない？　私、今日の会議で提案者になっているのよ。おねがい！」「エッ　そうなの？　僕はいま司会をしてるんだけどー」。どちらも少しいらだちながら電話でのやりとりが始まった。

結局、その日は私が職員会議で事情を話し、途中退席させてもらった。そして、息せき切って保育園に駆けつけたが退園時間に間に合わず、何と娘は園の門扉の外に下足袋を下げて、一人ポツンと立って待っていたのである（当時は長時間保育というのが、まだ認められておらず、定時で門は閉められた）。私は思わず駆け寄って「ごめんね」「ごめんね」と言いながら娘を抱きしめ、胸を詰まらせたことをいまもまざまざと思い出すことが出来る。

しかし、こんなこと、男性である私が、さも大事件であったかのように書いているが、妻の立場に立てば数えきれないほどの溜息やつぶやきや腹立たしい出来事の一つに過ぎなかったに違いない。

日常のくらしの中にあったのは、こうしたことのつみ重ねであった。ふたりで力合わせてのりこえないと前に進んでいけない課題であった。

エピソードⅣ

衝撃の置手紙

結婚して、7年ほどたったころのことである。当時、私は和光学園の教職員組合の書記長をしていて、放課後も次から次へ課題が待っており、会議だ、交渉だ、文書づくりだ、調査だなどと連日深夜まで息つく間もなかった。たまに休みがとれた時には、所属する研究団体の会合に出かけるのだが、そこにもまた沢山の課題が待っていた。もちろん本業の授業も学級活動などの準備もしなければならない。本当に身の細るような、それでも意気に感じて全力投球をして暮らしていた。

そんなある日、いつものように深夜帰宅した私の机の上に封筒入りの手紙が載っていた。妻からのものであった。

「あなたが毎晩、遊んでいて遅くなるわけではなく、組合や研究会や意味のある集まりや仕事で遅くなっているのは知っています。そして、あなたがそうした仕事にとって、なくてはならぬ人だということもわかります。でも、意味のある仕事をするために、家族が日々こんな気持ちで生きていくことになるのなら、あなたは結婚などしなければよかった。あなたは毎晩おそくまで会議をしながら、時計をみて、〝また今夜も文句を言われるのだろうな〟とか〝いやな顔をされるんだろうな〟と思ったりしてるんでしょう。結婚しなければ、あなたはそんなふうに考えなくてしたいように生きていけたのです。あなたは結婚しなければよかった—。」

私はしばらく身動きできなかった。返す言葉も思いつかなかった。もちろん、私とて、家のことや子育てについて、すべて妻に押しつけて当たり前だという生き方をしてきたわけではない。結構がんばっている、がんばっていた、自分ではそう思っていた。自分のしたいことが大きく削られることがない程度に。

たしかに、自分が精力を注いでやっていることは、言ってみれば世のため、ひとのためであって、私利私欲とは無縁のことだ・・・でも、やはり身勝手だった。ひとりで生きているのなら、いくのならそれでいいのかもしれないが、〝ともに生きる〟資格はないと言わざるをえない。私は妻の寝顔を見ながらそう思った。

このことがあって、私は自分の生活の軸を一本だけでなく複数にするようにつとめはじめた。〃ともに生きる〃とは自分の都合ばかり優先させて相手を利用しようとすることではない（だれもこんなふうに考えてする人はいないが、客観的にみれば、あるいは相手の人にしてみると、こう思わざるをえないことはしばしばある）。相手のために自分はどうあったらいいのか。そのためにも相手が何を願い、なにに喜び、悲しんでいるか知ろうとすることと同時に、自分の願いも率直につたえること。そこからスタートし、点検し、思い切ってくらし方を調整する。会議や集まり（飲み会なども）の回数、時間の使い方などなど。そういう努力が互いにあって、共生関係は辛うじて持続していくのであろう。片方だけが生き生きとして、片方が暗く悲しい思いをしていることなどあってはならない。私はそういうことが少しずつわかってきた。

私たちの実質のある結婚生活は、あの時の置手紙からはじまったように思う。

エピソードⅤ

妻（敦子）が語る〝私のセクシュアリティ〟

性と生を近づける

今でこそ、自分のセクシュアリティはかなり解放されているのではないかと思うのですが、昔からそうではありませんでした。性には近づかない方がいい、性はいけないものらしいという思いがどこかにありました。子どもの頃のいくつかのできごとを思い出してみても、いずれも性を否定的に受けとめざるを得ないメッセージがありました。

たとえば、母と一緒に映画を観に行った時です。ラブシーンが始まると母は私の背中を抱えて自分の膝の上にうつ伏せにして、画面を見させませんでした。また高校の時の記憶では、少し窮屈なブラウス姿を叱られました。母が言った「挑発的」という言葉に傷ついたのを覚えています。胸がふくらむのは罪深いことなのかと思いました。「あなたが女性として、成熟することはとても自然ですてきなことなのだ」というメッセージはどこにもなかったのです。「時代」を考えればやむをえなかったと思えなくもありませんが、やはり私には残念なことでした。

また一つ、子どもの時のある情景が浮かんできました。夏休み、校庭で開かれた学校の映画教室の時間でした。小学三年生の時で、担任の男の先生は、戦争で父親を亡くした私のことをとても気にかけてくださっていたようでした。暗闇の中で、先生は私を膝に抱きあげ、私のお腹をしっかりかかえていました。私の体は硬直し、身動きできませんでした。心まで縛りつけられたようで、一刻も早く放してほしいと思いましたが、それを伝えることができませんでした。なぜなら、先生はお父さんの代わりをしてくださっているのだから、わがまま言ってはいけないとがまんしたのです。日頃、おとなたちからそうしたメッセージを受けていたのでしょう。とても長い時間であったように思います。スクリーンのことは何一つ思えていません。

子どもへの虐待という言葉が表向き存在しない時代の体験です。

これは、私にとってセクシュアリティにひびく問題であると同時に「いや」と言えない自分、という意味でアイデンティティの問題でもありました。子どもであったから、あるいは生徒という立場であったからというだけでなく、私自身の自我の育ちの弱さ、あいまいさでもあったのだと今は理解しています。

それから、中学生の頃は、まだナプキンも開発されていませんでしたので、月経になると黒い木綿のパンツに脱脂綿をちり紙でくるんだものをあてがって、生理帯にしていました。スカートに経血がしみてしまうのではないかと気が気ではなく、月経痛もひどくて自分のからだとつき合うのはしんどいことでした。そんな状態ですから、なおさら 性については、みじめで暗いイメージしかもてなかったのです。

ある時、友人の一人が私にささやきました。「あん《(の)》ね。ちっくび《(乳首)》もんだら、すんごく気持ちがい《(良)》くなったけよ」。私はびっくり仰天しました。子どもだと思っていた友人に何か秘密めいたエロティックなものを感じ、あわてて視線をそらしたのを覚えています。

こんな風にとても混乱した情報のなかで、相変わらず、閉鎖的な性意識のまま、私は大人になっていきました。夫と出会い、結婚し、子どもを産んでも、私のセクシュアリティは昔のままをひきずっていたように思います。

新たな解放の兆し

私が「性」を真正面から向き合うきっかけになったのは、性教育の授業の実践です。すでに教職歴は、15年をこえていました。そのころ、夫がある話をしてくれたのです。それは、大阪の老人病院でのこと。介護を必要とするお年寄りを男女別室から混合病室にして3ヵ月間、お年寄りたちの生活能力や生活ぶりがどう変化したのか観察したそうです。すると相互のいたわりあいや言葉がけもふえ、身だしなみを整えたり、食欲が出て、リハビリを熱心に始めるなど、生活意欲が高まり、大多数のお年寄りに好評であったということでした。人は生きている限り、性に関わり続け、それを表現し続ける生きものなのだと、そして、よい性の関係は人を幸せにし、生きる力を与えてくれるものなのだと知りました。私のなかで、〝性〟と〝生〟がしっくりと重なり合い「エロス」という言葉の意味の深さも理解できるようになりました。気負いが抜けて授業するのが楽しくなってきました。

一方、夫はその頃すでに本格的に性の研究と講演活動を始めていました。そうしてやがていくつかの大学でセクソロジーの講義をし、男子学生にも性のメッセージを伝えることができるようになったのです。

学生たちの声や講演の先々で出会った方々の本音を聴かせてもらうことで、夫の性の理論は深められ、鍛えられたのだと思います。講演先から帰った夫から先々での様子や面白い話を聴くのは今も楽しみです。

私たち夫婦の関係がずっと良くなったのは、多分夫が女性の性についてあるがままを学び、ゆがんだ女性観や囚われから解放された頃からではないかと思います。

先にも書きましたように、私のセクシュアリティは、閉鎖的で偏見にみちたものでした。自分を性的存在として、肯定的に認め難かった。自分の性に無頓着な女と無知な男がよい関係をつくれるはずがありません。疲れた体を床に投げ出して、ただひたすら眠りたい私に夫はセックス求めてくる。昼間 言葉を交わすこともしていなかったのに、どうして夜だけすり寄ってくるのか、私には理解できませんでした。私が拒否すれば、夫は不機嫌になるのはわかっていて、わずらわしいと思う反面、そうした要求に素直に応えられない自分には何が欠けているのだろうかとも考えました。生の共有のないところに豊かなエロスの交流などありえないというのは本当にその通りだと思います。私たちは二人して互いに暮らしに向き合うという発想をほとんど持っていなかったと思います。私は仕事と子育てに手いっぱいで年中何かに追われているような暮らしぶりでした。夫が書いている〝置手紙〟の件、「あなたは、結婚しなければよかった」という手紙のことも記憶の底に埋もれてはっきり思い出すことはできません。ともかく、幼い子どもたちに「もっと早く」とか「ちゃんとして」を連発する余裕のない母親でした。

かくして、昼は職場でこまねずみのようにせわしなく、夜は河岸のマグロになって夫を失望させる妻でもありました。昼も夜もパワフルな夫、あるいは男の性というものは私の理解をこえていたのです。そんな夫が〝性〟は、徹頭徹尾、二人の関係性の問題だと言い切るところに辿り着くまでには、長い紆余曲折がありました。それは夫が自分自身の生と性の在り方を深く問い続ける道のりだったのだと思います。

そうして、夫は変わっていきました。私の心に寄りそってくれるようになったことを感じて、私自身も正直に自分を表現できるようになりました。自分のねがいや欲求、自分が感じていることをあるがまま伝えるのは自分にとってもとても楽しいことですし、夫のねがいもすなおに聴けるようになりました。

年齢がすすめば、遅かれ早かれ、そして多かれ少なかれ、性的機能は低下し、それとともに性的関心も弱くなったり、或いは形をかえていきます。そのことによって、夫婦は性へのかかわり方の「しきり直し」を迫られる時がやってきます。しきり直しですから、それをスタートにして、もう一度関係をつくり直すこともできましょう。

近ごろのことです。ある朝、夫はしみじみとした感じで申しました（夫はときどきこんな調子で冗談とも本音ともつかぬことを言います。これがまた結構おもしろい）。

「〝息子〟がね、なかなか思うようになってくれないんだよな」「思うようにしようなんて思わない方がいいね。思うようにならないのが当たり前なんだもの」「おっと、うれしいフォローだね。まあ、こんな〝息子〟だけどね。自分としては、割り合い気に入っているんだ」「そうね、私もよ」。加齢がもたらすことにじたばたするより、そのまま受け入れる方がずっと生きやすい。私の人生哲学というと大げさですが、自然であることそのものに意味を見つけ、それを好ましく感じる心とでも申しましょうか。

私たちは今、セカンドハーフ（人生後半）の入口に立っています。いや、もうすでに歩き出しています。

二人の関係をこれからさらにどう創っていくのか、この知的で創造的な夫婦の共同作業を楽しみながらやっていきたいと思っています。

＊妻のこの文章は、共著『素敵にパートナーシップ』（大月書店）からとり出したものです。私たちはある夏（50歳をすぎた頃）、この本の原稿を書くため、半ば強引に私が企画し、福島・南会津の民宿に3泊しました。宿に頼んで一つの部屋にデスク・テーブルを一つずつをお借りして作業しました。何をどう書くか意見交換したり、書いた文章を読み合ったり。予定通りにはすすみませんでしたが、またとない貴重なよい機会でした。告別式の日、私は妻の棺に、思い出深いこの本を入れ、額にキスをして「ありがとうね」とお礼の言葉を伝えました。

エピソードⅥ

生涯にわたるセクシュアルプレジャー

『季刊セクシュアリティ』110号（2023年4月号、エイデル研究所刊）は〝人間と性〟教育研究協議会（性教協）設立40周年記念特集号である。私はこの号で「性教育50年〜考えてきたこと、伝えたいこと〜」というテーマで山崎比呂志さん、堀川修平さんお二人の聞き手に応じて話をしている。今、あらためて読み返してみると私は妻との共生生活を営む中で体験した葛藤などを、「総括」というのはおこがましいが、振り返って話をしていることに気づいた。つまり、私の性教育研究、実践の軸になっているのは、誰かのため、なにかのためというよりも、自分自身のために、よく分かっていなければ、そして、学ぶことによって自分が変わっていかなければ駄目だという、いわば一貫して自分事としての性の探求であったということである。

その対談の中で私はデズモンドモリス著『ふれあい』（平凡社、1974年）、モンタギュー著「タッチング」（平凡社、1977年）、ハーロウ著『愛のなりたち』（ミネルヴァ書房、1978年）を紹介した。そして、私は「性とは何かっていうのは、ペニスとワギナの問題ではなくて、人間と人間の触れ合い、触れ合う安心感、快感というものの質とそのひろがり、深まりの問題として考えるべきではないかと思わせてくれたという点で忘れられない本ですね。これらの本がなかったら、私の性教育論のおそらく7割ぐらいはぐちゃぐちゃになっていたと思います」と続けている。

たしかに私はこの三冊（ばかりではないが）に刺激を受け、また、アメリカのセクソロジスト、カーケンダールの「両脚の間の性から、両耳の間の性へ」という名言に強く背中を押されながら、やがて『素敵にコミュニケーション』『素敵にパートナーシップ』『素敵にシニアライフ』を大月書店から刊行していただくことになるのである。いまここで『素敵にシニアライフ』に掲載した敦子との性にかかわるやりとりの一文を紹介したい。この本は、2008年1月に共著として刊行。私66歳（妻64歳）の著作である。

＊＊＊

〝いのちをいつくしむ「性」〟　敦子さんへ

大学生への性の講義のしめくくりのテーマ「結婚・共生」。とても熱心に聴いてくれます。

話のポイントは、かつての結婚では、お金や法律や子どもが絆になっていたのに対し、これから二人をつなぐものは情緒な絆、そして、性的な絆であろう。「情緒的絆」とは、ともに生きているという連帯感、安心感、「性的絆」とは互いに性的に価値がある、快感を分かち合える関係であること。この二つがこれからの、いやすでに現在の結婚・共生の〝核〟になっているのだが、この絆をつなぐことの大切さに、まだ深く気づいていない。お金や法律や子どもは客観的に存在するが、〝情緒〟とか〝性〟は、とても心もとないもので、二人が絆を結び続けようとしないと簡単に断ち切れてしまう・・・。ここに結婚・共生のむずかしさがあるが、それだけにとりくみがいのある課題ともいえる。

その「性」。三十数年の結婚生活で私たちの「性」もずいぶん変わってきたね。当然といえば当然だが。私にしてみねば、このテーマは生きることの意味そのものとかかわるものです。あなたにはどう映っていたかわからないけど、私が性を学び、性を語る道を結果として選ぶことになった貴重なきっかけのひとつにあなたとの結婚生活を互いにもっと心地よいものにするにはどうしたらいいのかという強い思いがあったのです。

男と女という性のちがい。もちろん同じ人間であり、もともとは両性性をもった存在なのだから共通することもたくさんあるが、でもすべてわかり合えるわけではない。もっとも人と人、すべてわかり合えるなんてことはあり得ないわけで、わかりありえないことを男と女のちがいのせいにしてはいけないということにもやがて気がついていきました。

そして、性について、少しでもわかり合っていくには、自分の気持を言葉にして表すこと。そして、互いに相手の気持ちをまず受け止めること、私たちがこのことに実際とりくめるようになってやっと気持ちが楽になってきましたね。

そうすることで私が得た「結婚・共生」における性の中心になるものは「いのちへのいつくしみ」。自分と相手のいのちを可愛がるいとなみ、そのことを通じてさびしさや孤独を癒し合ったり、ぬくもりや快楽を分かち合ったり、プライバシーを明け渡して心を解き放ったり、―その有り様は若い時と三十、四十の時代と老いを迎えた今と、二人の年令や健康や生活の様子によってずいぶん異なっているけれど、でも本質は変わらないのではないでしょうか。

ともかく私たちは、ほぼ四十年、さまざまな葛藤を乗り越えてきました。涙も恨みもくやしさも今思えば今日ある関係の礎《いしずえ》であったのでしょうが、ぬくもりや微笑みやからだ全体にひろがる深い愉悦の共有がよりたしかな支えになっていたと私は思っています。

あなたにとって「性」はどんな意味をもっていたのでしょうか。

〝育ちゆく私の「性と生」〟　幸浩さんへ

あの日の夜半、あなたは居ずまいを正して私に言いました。

「ずっと気になっていた。僕たちの関係が何かぎくしゃくしていて寂しい。何とかしたいと思う。僕自身正直にいえば、あなたのからだや心のことに本当に無知だった。性を学んでみて自分がどんなに無神経だったか思い知らされた。あなたに謝りたい。そして、あなたも僕に教えてほしい。もっと伝えてくれないか。気持のこと、性のこと、本当のことを。僕のこともわかってほしいと思っている。一緒に生きていくのだから、もっと楽しくやっていきたいんだ」。

突然にすごいことをいわれて、私はびっくりしました。あの時、何と答えたのか思い出せないのです。

混乱していたのでしょうね。あとで考えてみてわかったのは、あなたと私のちがい。性的な関心の有り様とか、二人の関係性についての危機感のようなものにかなりの温度差があったらしいということです。

かつてあなたは時々恨《うら》めしそうに言いました。「河岸《かし》のまぐろでもあるまいに・・・」。そんなことを言われたって、一日中 働いて 働いて、綿のように疲れて、ただひたすら眠りたい夜、セックスどころではなかった。あなたには「夫婦の生活を大切にしていない」と時々言われてました。そりゃわかっているんだけれど・・・いや、本当はちっともわかっていなかったんですね。私たちの結婚の幸・不幸を左右するような大切なこと、という認識は私にはなかった。ならば、何故あなたの言葉に衝撃を受けたのか、私はあの時はじめて自分が大切にされていると思えたのでした。あなたの存在が私の中で広がり、温かな何かが心に充ちていくのを感じていました。けれども同時に自分の心がとても貧しく思えたのです。私はあなたに何をしてきたのか、あなたのことを心からいとおしく思って、接してきたのだろうか、さまざまな想いが交錯して・・・だから言葉にならなかったのでしょうね。

私のセクシュアリティは、もちろん私の育ちの中でつくられたわけだけれど、あなたとは随分ちがっていたようです。高校生だったある日の光景を思い出します。私は少しきついブラウスを着ていました。胸も小さくやせぎみだった私。その姿をみて母は言いました。「挑発的でみっともないよ」。挑発？　何だかすごく恥ずかしい気持でした。成熟していくからだそのものがうとましいような。当時、母の世代の女性たちの多くは、性には触れるべからず、語るべからずが当たり前だったのでしょう。それでも私は自分の存在、私の「性」そのものが否定されたようで悲しかった。思えば小さい頃からその類のことがいくつもあって・・・だから私は性的に憶病だったし、性に対して柔らかな気持ちを育てそこねたように思います。

あなたとの出会いは、私のセクシュアリティをゆさぶり、あなたのあの言葉は私たちの関係を決定的に変える力をもっていましたね。率直に正直に語ってくれたあなたに感謝しています。そして、私も少し成長して大人なれたのかなと思っているのだけれど。

＊＊＊

生涯にわたる性の全体像

エピソードⅢでは、「衝撃の手紙」、そして、このⅥでは「衝撃の言葉」を紹介したが、二人の関係は、二人で作りあげるもので、自動的にうまく出来ていくものではない、関係は「出来る」ものではなく「つくる、育てる」ものと言うべきであろう。

たしかに自らをふり返ってみても青年時代、壮年時代、そして老年期、というようにからだの変化、こころの変化を受けながら、関係の変化、性のありようや欲求の量質が変わっていくのは至極当然のこととあらためて認識する。

最後に、自らの歩み　二人の関係の歩みを辿りながら、「生涯にわたる性」の全体像を示してみる。

1 人間の性の三つの側面

＜A＞　生殖の性（女性は大体50歳前後で終了する。男性には大きな幅がある）

＜B＞　快楽・共生の性
- オーガズム（性的絶頂感）につながる身体的快楽
- 一体感、安心感、ぬくもりとケアを伴う精神的快楽（全身への愛撫、戯れ、癒し、抱擁、甘えなど）

↓

＜C＞　支配の性─両者の対等性が失われれば「支配」になる

2 「生涯にわたる性」をSexual pleasureから考える

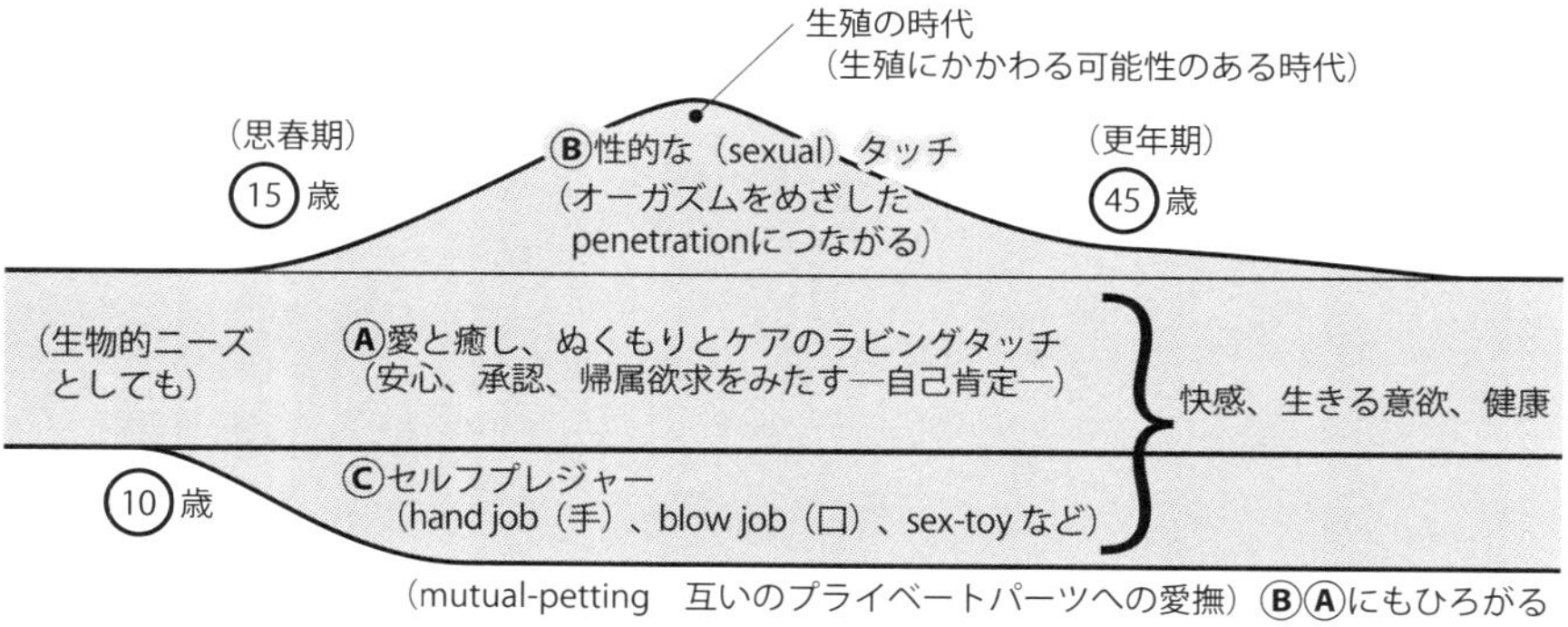

〈性行動に影響を及ぼすもの〉

- 成育におけるタッチとケアの経験
- 性に対する解放度（許容度）
- 性に対する学習（考え方、表現）
- 両者の関係性（生活・性意識など
  - sexual consent（性的同意））
  - gender bias（思い込み））
- 育ってきた社会・文化・ジェンダーなど環境
- ホルモン（テストステロン、エストロゲン、オキシトシンなど）の分泌・はたらきに由来するもの　など

第二章　私たちの歩みをふりかえる

親子座談会
「性について語る」

＊『人間と性の教育』5刊　1985年2月
（あゆみ出版）

1　商品化された〝性〟を語る

「おもしろい、おもしろい、おもしろい」雑誌

父　きのう、お母さんと新宿の歌舞伎町に行ったんだけど、すごいね、歌舞伎町。

剛一　「カルメン」見に行ったの？

母　「カルメン」はよかったけどね、歌舞伎町はひどかった。

父　映画館へ行くまでの町の様子がね、以前はディスコとか、ゲームセンターというのがたくさんあったけど。

朋子　今もあるでしょう？

父　今もあるけど、数がずっと減っちゃったね。

母　ゲームセンターなんか、だんだん裏通りのほうに押しやられているのね。

父　今はのぞき部屋とか、女の人の裸を売り物にする商売のお店がものすごく増えてるの。朋子にも剛ちゃんにもちょっと歩かせたくないなあ、と思うような町になっちゃった。売り物にするって言えば、最近の雑誌も相当らしいけど、高校生が学校に持って来るような雑誌にはどんなものがあるの？

朋子　男子のことは知らないけど、女子は『別冊マーガレット』とか、『リボン』。

母　それ、小学生が読むんじゃないの？

朋子　ちがうよ。みんな学校の帰りに、「今日発売日だよ」ってワイワイ言って買うの。中

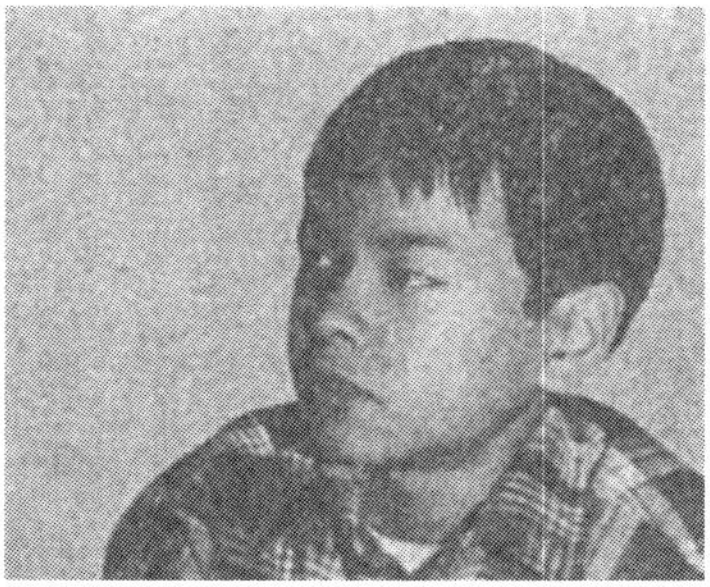
剛一（公立中学二年）

母（村瀬敦子・高校教師）

父（村瀬幸浩・高校教師）

朋子（都立高校二年）

学の時は『セブンティーン』と『プチセブン』と『ポップティーン』と『ギャルズライフ』。

父　『ポップティーン』なんかもかなり読んでいたのか。男の子は？

朋子　男の子は『ジャンプ』とか。

父　剛ちゃんの学校はどうなの？　中学生は。

剛一　みんな、そんな話しない。プロレスとかテレビの話ばっかり。

父　やっぱり。でも一年生と三年生じゃ相当ちがうんじゃないかな。

朋子　すっごくちがう。

剛一　『ジャンプ』の話なら時々出てくるよ。

朋子　でも、剛ちゃんのグループっていうのは、あんまりそういう話はしないんじゃない。

父　剛ちゃんたち以外で、いわゆるエッチな話とか女の子の話とか、そういうことをしゃべるグループもあるの？

剛一　あるよ。

父　どんなことを話してるの？

剛一　「この前家に行ったら、いやらしい本があった」とか、「近くにいやらしい本かくしてる」とか、「本屋さんで見てた」とか、そういう話。

父　朋子はどうだったの？　中学生のころは、やっぱり、そういう子、いたの？

朋子　そんなの、みんなそうだもの。

父　何年生のころ？

朋子　一年のころから。かげではみんな話してたし、大きい声で話す人もだいたい顔ぶれは決まっていたけど、別に女の子も、「やだあ、やだあ」なんて言わなかったよ。平気な顔してたね。

父 一年生の時から？ ホント？（笑い）

朋子 いっしょになって話してたみたい。一年の時には、小説でね、ちょっと変なの読むのがすごく流行ってて、男女とか全然関係なしに回し読みしてた。

父 ロマン文庫かな？

朋子 そうそう、そんな感じ。でも、あれはおとな向けみたいな気がするでしょう。そうじゃなくって、10代向けの集英社文庫の。

父 うん、ある、ある。富島健夫とか？

朋子 そんなのもあったかな。

父 ふーん。さっき『ポップティーン』とか『ギャルズライフ』って言ってたけど、朋子も回ってくりゃ読んだの？

朋子 うん。

父 そうすると、号によって特集の中身もちがうから一口に言えないだろうけど、そういうの読んでどう思った？

朋子 「おもしろい、おもしろい、おもしろい」って感じ。だって、だれとだれがつき合ってとか、だれがふられそうだとか、そんなことがたえず話題になってるわけでしょう。それでみんな雑誌の中からそんな話なんかみつけて、休み時間に廊下に出て、三、四人で、「やらしい」だのなんだのと言って、ギャアスカ楽しむだけ。

剛一　文化祭の時に、バザーがあるでしょ。一年生のなかにも、女の人の水着のポスターとか買ってたよ。

父　感想ってまだいろいろあると思うけれど、ひとことで言えば「おもしろい」ってことかと思うんだけれど、たとえば、そのなかで扱われている女の人の扱われ方とか、男女関係・男女交際ということの意味みたいなもの、朋子も女性として感じることある？

朋子　そう深く真剣に考えるってことはない。今のところ、自分の生活とはかけ離れているでしょう。

父　全体としてはおもしろおかしく読んでる？

朋子　こういうことがあるのかってことで読むのよ。

母　あー、お話の内容でね。

朋子　現実離れはしてても、そういうふうに作られた話でも、実際のこととかが意外と入ってるものでしょう。

母　どんな話があった？

朋子　いろいろあるの。恋愛で、三角関係なんか「こんなの実際にあれば、いやだねえ」とか、遊ばれたとか、結婚するつもりでいたのに相手が他の人を好きでふられたとか、そんなのイヤだな。

人間の裸なんて、大っぴらにするものじゃないよ

父　雑誌もそうだけど、映画館の前を通ると、女性が裸になってる看板なんかあるでしょう。ああいうのを見ると、朋子なんかはどう思うの？

朋子　ポルノとかでしょう？　女子どうしで話をすると、「私も行きたい」って人もいる。半分くらいは一度行ってみたいとか思っているみたい。私自身は、気持ち悪いというか、全然見たいと思わない。

父　ふうん。

朋子　よく、女性の裸がきれいだとか言われるでしょう。だけど、ああいうの見ても、きれいっていうか、そういう気持ちに全然ならない。

父　きれいな裸もあるでしょう？

朋子　あるよ。絵とか彫刻とかできれいなのもあるけど、ポルノとか見せ物になってるものって、全然見たいって気になれない。

父　剛ちゃんなんか、どう思う？

剛一　むかつくね。ああいうのを看板に描いたりする人の気持ちがわかんない。とにかく、いやだなあって思う。

父　どういうところがいやなの？

剛一　ああいうのをね、人のよく通る所へ描いたり張り出したりすることね。

父　ああいうのには女の人の裸が多いけど、男として剛ちゃんは、ああいうものを見てみたいなあとは思わない？

剛一　全然思わない。電車を写真にとるほうがずっといい。

父　そりゃそうだ（笑い）。だけど、これからおとなになっていくと、わかんないけどね……。

朋子　だけどね、剛ちゃんはまだ中二になったばかりでしょう。中三とか高一くらいの男子だと、そういうのを見たいとかと、興味を持つ年頃というのか、そういうのってやっぱりあるでしょう。

父　男の子っていうのは、中学・高校ぐらいになってくると、そういうものを見たりするのが普通だってことかな。朋子は女性だから、逆に〝見られる〟側にいるわけだけど、そういう立場から男ってものをどういうふうに見ているの？

朋子　やっぱり異性でしょ。だから、自分にないものを持っているわけで、興味があるんじゃないかなとは思うよ。別に悪いことかじゃなくて、そういうもんだなと思う。

父　朋子にしてみると、男性の裸を見たいなとは思うわけじゃないのね。

朋子　思わない、思わない。

父　お母さんなんかはどうなの？　ああいう看板なんか見て。

母　今？　昔？

父　今だよ。

母　今ねえ。別に深く考えたことないわねえ。私なんかの子どものころも、今ほどひどくはなかったけれど、やっぱりそういうのってあったわよねえ。歓楽街にはそういうものはつきものだっていう感覚でみているから。

父　そういう意味じゃ、女の人って、やっぱり、そういうのに関心がないのかなあ。ぼくなんか男だから、看板なんかあれば、やっぱり、すこしは見てみたい気持ちもあるんだけどね（笑い）。描いてある絵によって、「オッ、すごいな」とか「ワッ」とか思ったりするんだけど、やっぱり子どもには見せたくない。

剛一　「剛ちゃん、行こうぜ」なんて言って、見えないほうに行ったりね。

母　あっそうか。そういうふうに言われてみるとね、私は最近はそうでもないけど、まともに見ること自体がすごく恥ずかしいって気がしたわね。

父　なぜ恥ずかしいんだろうね。

母　なぜなんだろうね。やっぱり、裸そのものが、そんなに大っぴらにするもんじゃないっていうのが、一つあるよね。

剛一　見るっていうか、みんなでワイワイ言って見るもんじゃないと思うけど。

父　こっそり見るのか、一人だけで……。

朋子　よけいいやらしいじゃない（笑い）。

父　お父さんはね、自分は見てみたいなという気持ちと、子どもに見せたくないなという気持ちを持っているんだけど、それは、ああいうものを日常見慣れたりすることで女性観を歪めるというのか、女の人をああいうふうな姿でしか見やしないかって心配なんだよね。

母　私なんかも、子どもにこんなの見せたくないないなって思うけど、それはもっと単純でね、本来人間が着物を着ている状態がノーマルであって、熱帯地方に住んでいるのならいざ知らず、裸でいるというのは普通の状態じゃないでしょう。そういう姿をやたらと子どもの目にさらすことがいやだなっていう感じで、すごく単純なのよね。女性観を歪めるというところまでは考えてなかった。

ノーパン喫茶だなんて、暗い話だね

父　そうか。それぞれちがいはあっても、この四人では、ああいうものは大っぴらに見せて欲しくないなという気持ちを持っているわけだけれど、それじゃあ、なんであああいうものがどんどんできていくんだろうか。

剛一　見たい人がいるから。

父　見たい人がいるから？　どうして見たい人がいるんだい？　たとえば、ポルノ映画が自由に見られるスウェーデンなんかでも、だれでも通るようなメイン・ストリートにあんな看板は絶対に出ていないんだよ。

朋子　欲求不満が多いんだ。

父　欲求不満が多いか、日本人は。お父さんは、やっぱり、日本の商業主義というか、商売になるもんだったらなんでもみんな商売にしてやろうという一環じゃないかと思うのね。だからこそ、裸のからだも心と切り離して売ってしまおうとする。ほんとうに切り離せるのかどうか、切り離したつもりが離れてなかったなんてこともきっとあると思うけどね。ノーバン喫茶とか、ウェイトレスがテニスルックで短いスカートをひらひらさせて動き回ってるらしいの。どうも、外から見てるとそんな感じなの。朋子のまわりでは、友だちのことで何か耳にしない？

朋子　中学校ではあったよ。売春ってほどじゃないけど、「あの子は意外に遊んでるらしい」とか言われる子が。

母　やっぱり、見たところ遊んでいる感じなの？　学校へ来ないとか？

朋子　学校には来るけど、遊ぶのは夜でしょ。学校やめて水商売やっている子がいたり、なんでもいるよ。あっちこっちそういう話題ばっかり。みんな慣れちゃってるから、あの子が売春してるって聞いても、驚かないね、全然。

母　中学に比べて、今の高校はどう？

朋子　今の学校（高校）だったら、すこしは驚くかも知れない。そうね、中学のころより、高校の友だちのほうが話題にうといっていうのか、幼いのかなあ、そういう感じがする。

父　幼いっていう言い方もあるかも知れないけど、それぞれが、目先の楽しさよりも、生きる目当てというか目的というものをわりと持っているんじゃないの？　たとえば、自分はこうしたいとか、大学ならどういうとこでどういうことを勉強したいとか、これから先どんなふうに自分の人生を生きていこうかというふうな目標が。売春のうわさが立った子にはそういう目標が立たなかったんじゃないか。だから、目の前の今楽しいことをやってしまえ、という気持ちもあるんじゃないかと思うのね。

朋子　それはあるかもしれない。

父　さっき、欲求不満って言葉が出たけれど、そういう人間が増えてて、そんな人たちを吸収することで成り立っている商売なんだよね。のぞき部屋なんて、向こうのほうで女の人が何かやってんのをのぞいて、それで三千円も四千円も払うんだよ。

剛一　暗いね。

父　暗いなあ、と思うんだがね。ノーパン喫茶だって、つまり、パンティもはいてない子がコーヒーを持ってきたりするのを眺めてるだけなんだよ。

朋子　さわると、千円よけいに取られる（笑い）。

父　それで、コーヒー一杯が千円とか千五百円取られるんだから、なんでそんなとこへ行くんだってことになっちゃうじゃない？

朋子　そういうとこで働いている女の人たちだって、ともかく手軽にお金をもうけようとしてて、先のことなんか考えてないんだよね。

父　そう考えてみると、見るほうも見せるほうもどっちも似ているよね。いま、社会そのものがこれからどういうふうになっていくかが見えないようななかに生きているというのかな、生き甲斐が持てない、見通しが持てない人が増えていて、先のために今はがまんしよう、というふうにはならなくて、その場その場でおもしろいものを手に入れていっちゃうんだね。たとえば、昔はテレビとかステレオとかを買うのに、節約して節約して貯金して、とにかくそのためには他のところでいろいろがまんしてって、だれもがそう考えてたわけ。ところが、いまは先に欲しいものは買っちゃう。いろいろ買っちゃって、後からフウフウいって返す。返せなくてサラ金に手を出す人もいる。先の大きな楽しみのためにいまをがまんするんではなくて、まず楽しいものを手に入れてしまおうという思考パターンに多くの人がなってきていることと、少し関係があると思うね。

母　ほんとうに新宿は食べ物とセックス、ゲーム、これだけだものね。

2　男女の性差別を語り合う

男子にだけおこる教師がいる

父　男女差別の問題なんだけど、学校のなかで、たとえば剛ちゃんなんか、男だから・女だからということでおもしろくないなって思ったりすること、あるかい？

剛一　あるよ。体育の時間の長距離走なんかでね、ぼくたちが五周走るのに女子は三周だけ、いっつもそうで、むかついてるの。

母　体育の時間？

剛一　そう。

父　先生は、なんでそうするんだって言うの？

剛一　知らない。先生、言わない。

朋子　それは単に、男子の種目には三〇〇〇m競走があって、女子は二〇〇〇m競走とか一五〇〇m競走とかってことなんじゃないの？

剛一　それから、しばらく前の話だけど、音楽の時間に男子も女子もしゃべっていたのに、男子しか叱らないっていうんで、ぼくたちもおこって、わざとうるさくしたことがあるの。そしたら、先生も演奏やめちゃって、授業なし。

父　先生は男の先生？　女子もしゃべってるの？

剛一　目立つのは男の子だけどね。あとで反省会みたいのを開いてみたら、やっぱり女子もしゃべているの。

父　ふうん。

剛一　ふだんもね、男子しかおこんない。女子だと、ちょっと「うるさい」とか言うぐらい。ちょっと目立つと罰として一人で歌わせるんだけど、それが全部男子でね。

父　それで先生に文句を言ったら、どうなった？

剛一　しばらくして、自治委員がみんなの意見をまとめて先生を呼びに行ったら、先生、目をつぶってみんなの言い分を聞いてた。

父　それなら、それからうまくいったんだね。

剛一　それがそうじゃないの。この話を聞いた他の先生がすごくおこってね、みんなを椅子の上に正座させて、黙想させて全員に反省させたわけ。それで、いちおう次の時間に謝ってまじめにやることになったんだけど、帰りにみんな、「ふざけるんじゃない、差別だ」って言っておこってた。

父　それじゃ、まだ解決してないんだな。

朋子　男子は、先生に言いくるめられたくらいに思ってるんでしょ。

剛一　うん。

父　どっちにせよ自分たちが納得いくまでちゃんと意見を言うんだね。ところで今の話はどっちも男のほうが差別されていると思った例だな。でも、女の子にだって言い分があることだってきっとあると思うよ。人間って自分が差別されたことには敏感だけれど、案外ほかの人が差別されることには純感だったり、そればかりか他の人を平気で差別してるってことがあるからね。だから、自分の言うことやすることにもうんと気をつけてみる必要があるね。ところで、朋子のほうはどうなの？

朋子 私は、昔からそういう男女差別についていて、考えを持ってるの。社会全体が昔から男尊女卑みたいになっているでしょ。だから、それに対しては許せないいって観念があって、差別についてしゃべらせると、いくらでもしゃべるよ（笑い）。

父 日常生活の上ではどう。

朋子 さっき、体育の話が出たでしょ。いまの都立高校は男子が体育四時間、女子は二時間で、もう二時間は女子は家庭科やってるの。私に言わせれば、もう、それは許せないわけ。どうせなら〝選択〟にして、男子でも家庭料やりたい人とか女子で体育をやりたい人にはそれをやらせればいい。女子だけに押しつけるの、許せない。

母 あんたみたいな考え方を持って言う子いる？

朋子 私みたいにはっきり言う子は、あまりいないんじゃない。別にいいんじゃないって、みんな思っているみたい。

母 そこらへんのこと、男の子はどう思っているのかしら？

朋子　中学の同期生でほかの都立高校へ行っている男子とたまたまそういう話をしてね、「わたしも体育やりたいよ」って言ったら、「おれだって、家庭科やりてえよ」って言うの、その子が。「そうだよね」って、意気投合しちゃって。

母　男子のなかにも、「体育ばっかりやるのはいやだ」って言う子もいるでしょうね。

父　剛ちゃん、いま、家庭科やってんでしょ？

剛一　やってない。技術。

朋子　男子はやってないよね。私たちのころも全然ちがったの。女子はちょっとだけ技術をやったけど、男子は家庭科は一切やってないの。

父　剛ちゃんなんかは、家庭科はどうなの？

剛一　やっぱりね、作るってことは興味持つね。服を作ったり、カバンを縫ったりとか、そういうのは楽しい。

奥さんが頑丈だったら働いてもらうんだ!?

父　男と女がこれから社会に出て仕事をしていく時に、男の人は外で仕事をして、家庭は女の人が守るみたいなパターンがあるじゃない？　そういうことについて友だちとか話すこと、ある？

朋子　あるけどね。中学の時、社会科の時間に先生が、「仕事を持って、結婚しても仕事を続けるか、子どもができても続けるか、続けていきたいと思う人、手をあげなさい」って質問したの。その時、手をあげたの私一人。先生が、「だんなさんが辞めろといっても、続けていくか？」って聞くので、私は、「それはわかりません」って答えたんだけどね。一時、すごい男女平等みたいなことが言われたけど、「家庭を持ちたい」とか「子どもにつくしたい」とか、そういう雰囲気がまた出てきているんじゃないかな、と思う。

母　一般的風潮として？

朋子　私も、まわりがそうだから影響されるのかも知れないけど、だんなさんが帰ってきたら食事をつくってあげてって、そういうのもいいかなあとか思う。男子に聞いてみると、やっぱりそういうのがいいって言うの。

父　そりゃ、男子にしてみればそうでしょう。

朋子　だけどさ、やっぱりなかにはいるんじゃないかなあ、奥さんにも好きなことをやらせてあげたいとかさあ。

父　でも、女の人だって仕事をしている場合に、家へ帰ったらご飯ができていて、「お帰りなさい」と言ってくれる人がいたほうがいいと思うでしょ？

母&朋子　思う、思う。

父　女の人だって、そう思うわけよ。

朋子　そりゃそうだよね。

母　朋子がそういうふうに思うようになった

ということは、仕事を持って外で働いている うちの両親を見てて、ということもあるんじゃないの?

朋子　それはおおいに影響していると思うよ。

母　「お母さんもきょう仕事が遅くなるから、ご飯あんたにまかせるから頼むわ」なんてさ、ときたまあるじゃない? そういうのを見て思うの?

朋子　うちにいたほうがいいって? うん、それもある。でも、いちおう、これまで非行少女・非行少年はうちから出ていないし、まあ、うまくいっているし、こういう生き方もできるって保証もあるわけよね。

剛一　男どうしの差別っていうのもあるでしょ。小学校では無視とかいじめが目立つでしょ。ぼくも経験したからね。無視っていうのは要するに差別だからね。差別って広い意味を持っているんじゃないかと思うのね。自分だけいい思いをして他の人に命令したりするのも悪いことだしね。ぼくなんか、将来、結婚したら平等にね、ぼくもみんなを無視しないで、だれかがちゃんと考えてもらいたいと思っているなら考えてあげるとか、手伝ってあげるとかしようと思う。

父　そういうふうに思うようになったのは、きっかけがあるの?

剛一　ぼくが小学校の二年、三年、四年といじめられたりした経験があるから。その当時はいやだなあと思ってたんだけど、ぼくも成長してきて、ひとつのいい経験になって、そこからいろいろな考えが生まれてきたっていうかね。

父　男女差別って学校でもあるけど、家庭のなかでもあるじゃない。剛ちゃんが将来結婚した場合、奥さんが働くとか働かないとかいうことについて、どう思う？

剛一　やっぱり、奥さんが頑丈ならね。働いてもらうって……。

朋子　怖い、怖い。奥さんが頑丈なら働かせるんだって（笑い）。

剛一　働かせるっていうか奥さんをもらったら、奥さんの体調を心配すると思うわけ。

父　女の人が家にいて、男の人が外で働くというのが当たり前みたいな気持ちが高校生なんかにもあるって言ってたでしょ。どうしてそうなるんだと思う？

剛一　男の人はやっぱりがっちりしてるもんだし、奥さんは子どもを産むし、やさしさっていっぱいあるし、子どもを育てるのは、女の人のほうが向いてると思う。

朋子　いやあ、それはもうだめだよ。反論が出てしまうよ。女の人だけが子どもを育てるということじゃいけないんだと思う。

剛一　みんなで育てる。

朋子　そうそう、二人で育てるんでしょ。

父　そりゃそうだな。でも、産んだっていう点から言えば、子どもを育てるのに向いてるってこともあるかな？

朋子　育てるのに向いてる、とは思わないよ。

父　どうして？

朋子　子どもを産まなきゃいけないでしょ。それが、家にいる一つの原因だと思うけど。どうしてだろうね。全然見当がつかない。この前、現代社会の授業でやったんだけど、旧約聖書にアダムとイブの話があるでしょう。リンゴを食べた二人が神様におこられて、罰として男の人には労働を与えて女の人には産みの苦しみを与えたって。そこから、男は外で働いて女は家で子どもを育てるというの。あれは要するに創り話だけど、そういう考えがすごく昔から続いているわけでしょ。

父　日本なんかで言えば、農耕社会が長く続いて夫婦はいっしょに働いているんだよね。お母さんも、子どもをあやしながらおんぶしたり、畑のそばに子どもを置いて働いたわけでしょう。男は外で働くだけ、女は子どもを育てるだけになったというのは、人類の歴史から言えばほんのわずかな短い時間なんだよね。働く場所が家庭から離れちゃったということが大きな原因だと思うけど。

朋子なんかは、どういう男女関係をつくっていきたいと思ってるの？

朋子　そういう話、好きなんだ、私（笑い）。やっぱり、女の人が男の人に支配されるという関係はすごくいやだから、おたがいに自分の考えを持って、意見を言いあえて、理解しあえて、そういう関係かな。

母　でも、だいたい、どこの家庭でも、それをやってんじゃないの。

朋子　でもさ、たとえば、うちなんかそういう点ではうまくいってるんじゃない？　子どもの目から見て。ほら、夫婦同業者でしょ。そういう面でいいと思うの。だんなさんが会社の話したって奥さんが何も知らなきゃ「あら、そう」で終わりじゃない。

剛一　そう。お父さんがお母さんに「うちの学校ではこういうことがあった」って言うと、お母さんから返ってくる答えがお父さんにとって参考になると思うの。お母さんにも、お父さんの言うことは参考になると思うの。

父　まあ、同業者であるというよさは、結構あると思うけど。

お母さんも鼻クソほじくるから、わが家に性差別なし

母　仕事のうえで共通性があるからってことはあるけど、夫婦として見ていてどう？　男女関係から考えた場合。

剛一　だってお母さん、鼻クソほじくるしさ。

母　鼻クソほじっちゃいけないの？

剛一　だから、うち、男女差別って考えられ

ないよ。

朋子　なんで？　男女差別っていうのは、鼻クソほじくっちゃいけないの（笑い）。

母　そりゃあ。剛ちゃん、ひどい話だよ。

剛一　でも、やっぱり、女の人っていうのは、しとやかな印象が強いなあ。ぼくには。

母　じゃあ、お母さんはしとやかじゃないってことじゃない。オナラをするとかっていうこともだめなわけ？

朋子　夫婦としてあるでしょ、それも、うちはなんとなく特別だと思うの。

父　友だちの家と比べてそう思うわけ？

朋子　友だちの話を聞いて、よけい思うの。いままで、うちは普通だと思ってたんだけど、高校へ行って、友だちが親がどうのこうのって言い出すからいろいろ聞いてみると、うちの親たちは際だってるのね。男女平等の空気のなかで育ってきた娘だから、男女の不平等がずごくいやだなあって思うのね。ほかの子が男女不平等をあまり感じないのは、お母さんが適当にお父さんにつくすとかしているからじゃないのかな。

母　それじゃ、お母さんがつくしてないみたいじゃない？

朋子　そういうんじゃなくて、父親が威張っているのがみんな普通だと思ってるけど、うちではそういうことないでしょ。だから、不平等があるとおかしいと思うの。

父　それで、将来、男女関係のなかでそういう平等をつくっていける人を求めるっていうことかな？

剛一　お酒を飲まないとかタバコを吸わないというのも、男女平寺にプラスになっているんと思うんだよね。お父さんがお酒をガブガブ飲んで、酔っぱらって帰ってくることって、うち、ないでしょ。それに、一方的に命令するとか暴力ふるうとかもないし、そういう点でも、うちは理想的な平等があるんじゃないかな。

父　おもしろいな、そういうこと感じてるってことと。

剛一　あると思うよ、ぼくは。

父　そういうところを感じとってもらって、いい関係をつくっていってもらいたいね。

コメント　家庭で、性について語り合う

村瀬幸浩

よく「家庭での性教育はどうしたらよいでしょうか」という質問を耳にします。とくに男の子を持った母親にしてみれば、その子の性のあり方や生理や心理をつかみかね、日々とらえようのない形で変わっていく子どもを前にしていら立ってみたり、その結果、手ひどい反撃をくらって落ち込んだりなどということもあるようです。「こんな時こそお父さんが……と亭主に声をかけるのだが、冷たく突き放されて」ともおっしゃいます。

子育ては夫婦共同の力で、といってみても、当の夫婦が別々の価値観で生きていてそれをぶつけ合ってみることさえしないとすれば、実際にはなかなか容易なことではないわけです。

性を話題にしたり子どもと語ろうとするなら、これはとりわけ夫婦の関係、父親として母親として、ということだけでなく、大人の男と女としてどんな人間関係をつくっているのか（いこうとしているのかということもふくめて）こそがまず問われるわけで、そのことを抜きにして、性を言葉で語ろうとしてもむなしいのではないでしょうか。

それはなにも、いつも夫婦は理想的でなければならないということではありません。いかに性や愛に、男女の関係に主体的に生きて

いるか、生きようとしているか、ということです。

家庭での性教育とはその意味で、子どもが思春期を迎えてからにわかにはじめられるものではなくて、実は生まれてすぐから（厳密にいえば生まれる前、胎児のころから）すでにはじまっていたのです。

からだへの愛着、いのちへのいつくしみ、ふれ合いの心地よさ、柔らかな人間関係をつくっていく楽しさ、肯定的な人間関係の形成、こうしたことの一つひとつが子どもの性観・異性観や性の感覚をつくっていくわけですから、その意味で性を育てる家庭・育てられない家庭（性が育ちにくい家庭）というものがあると言えるでしょう。

つぎに、家庭での性の会話について考えてみましょう。「ぼく、どこから生まれたの？」に代表される子どもの性の質問がありますが、このように性の会話の主導権は子どもが握っており、それに親がどう応ずるかによって家庭の雰囲気や親子関係の質が問われると思います。

「いのち」にかかわる子どもの疑問・好奇心、子どもの部屋からいかがわしい雑誌や写真が見つかったとき、異性の友だちからの電話・手紙・誘い・それからデート、こうした子どもの変化こそ性発達のサインです。そのサインに親がどう応えるか、そこに親のセクシュアリティ（性のあり方・考え方）が問われることになります。そして、そこでの親とのやりとりのなかで子どもの性観が形成されるとすれば、私たち親が一人の人間として、男として、女として、性をどう考え、人生のなかに位置づけているか（位置づけようとしているか）問い直してみる必要があろうかと思います。

あえて私見を申し上げるならば、子どもの性の質問に対して、親は応える義務ではなく権利があるのだと考えます。応える（解答を与えるという意味だけでなく、人間としてまともに対応するということ）ことが親子関係の上からもとても大切なことだと思います。

そのためには、親自身が大人にふさわしく性を学習し理解することがなければならないのは言うまでもありません。しかし、親は教師でも専門家でもないわけですから、一から十まで答えられなくても、あるいはすべて正解でなくてもいい、わからないことは「よくわからない」でいいのです。重要なのは、投げかけられる問題に真剣に対応していく、その姿なのだと私は思うのです。

今回の座談会は私のほうで設定したものです。とくに「性と社会とのかかわり」をどんなふうに話し合えるかということで、歌舞伎町の様子をとっかかりにしてみました。どんな感想を持たれたか、読者のみなさんの声をきかなければわかりませんが、私としてはできるだけこだわりなく、しかも素顔で自分の考えを子どもに伝え、子どもの考えも素直にきいてみようと思っていました。

そして、読者のみなさんには、今回のこの座談会から性をめぐっての親子の会話が、性に関する出来事や事件、あるいはちょっとした体験などの話題をきっかけにして行なうるのだ、ということを感じとってもらいたいと思います。

座談をしながら感じたことは、子どもには子どもの世界があって、そのなかで大人と同じように悩み、憤り、喜ぶ、という、そういう感情生活を送っていて、そしてやはり育っているのだなあ、ということでした。

親子の間には、話し合ってみてもわからないことだってきっとあるのでしょうが、話し合ってみればそれまで気づかなかったことに気づいたり、その表情や言葉遣いのなかに一人の人間の新しい面を発見することがあります。おそらく子どもにしてみても、親から新たに発見することの一つか二つはきっとあったのではないかと思います。

中二の息子と高二の娘、思春期真っただ中の二人の子どもはまさにこれから性や愛と出会い、新たな人間関係の中で苦悩しつつ生きていくにちがいありません。いくらか先に生きている親として力になることがあるとしたら、それはまともに生きようとしている一人の人間の素顔をみせていくこと、そして子どもの悩みやつまずきを大きく受けとめて、それに共感しながらはげましていくことなのではないかと思います。

子どもたちはやがて、「親はやっぱり古いなあ」とか「おくれているなあ」と思うのでしょう。これだけ速いテンポで世の中のあり様が変わっていくのですから、それは宿命でもあります。だからといって子どもに迎合することはないので、親は、自分がほんとうに納得できる考えを伝えようとすればよいのではないでしょうか。

その通りにするかどうか、それは子どもが決めることです。そして、子どもの人生は子ども自身が歩むのであって親が替わってすることなどできないのだと、久し振りに子どもの顔を正面に見て話しながらあらためて思ったものです。

夫婦対談　夫婦の〝リ・スタート〟

〝パルピテーション（ときめき）〟から親密さへ

＊雑誌『女性のひろば』2015年2月号掲載

村瀬敦子さん（家族心理士）
村瀬幸浩さん（一橋大学講師「〝人間と性〟教育研究協議会」幹事）

「日曜日、家にはダンナと2人。なんだか居心地が悪くて…」「もう少し話をしたいのに、なにをいっても上の空」という声をよく聞きます。子育てが一段落し、あるいは定年退職で、夫婦で過ごす時間が増えたとき、〝新婚のときのように〟とまではいわないけれど、いっしょにいて楽しいと思いたいですよね。夫婦のリ・スタート（再出発）はどうすればいいのか、中高年の「生と性」についての著書も多い村瀬幸浩さんと、妻で家族心理士の村瀬敦子さんに縦横に語っていただきました。

恋愛と結婚は違う⁉

編集部　夫婦も長くなると〝倦怠期〟になってしまうのでしょうか。

幸浩　恋愛と結婚の関係はもともとイコールじゃないし、連続しているものではない。関係は変わっていくものと考えた方がいいと思うんです。「恋におちる」といわれるように、恋愛は自分がしようと思わなくてもしてしまうこともありますが、結婚は意識してつくっていかなければならない関係なんです。ここのところは大学のセクソロジー（性科学）の講義でも強調している点です。

ＮＨＫの連続テレビ小説「花子とアン」では、恋をしてドキドキわくわくすることを「パルピテーション」といっていましたが、その気持ちが結婚してもずっと続くと思い込んでいる人が多い。その気持ちがなくなったら〝倦怠期〟だ、と。でも、ドキドキわくわく感がいつまでも続くわけがないんです。

「パルピテーション」を辞書で調べたら、「動悸、震え」。これ、病気でしょ（笑）。病気は治るし、夢はさめます。そこからどういう関係をつくっていくのか、それが大問題なんです。

敦子　夫婦が長くなると緊張感がなくなって相手へのかかわり方が粗雑になるというのはあると思います。でもその裏には安心や安定、気安さもあるでしょう。だから緊張感がなくなって、ドキドキわくわくしなくなることがダメだなんて考える必要はありません。むしろ関係の質が変わると思って切り替えていく

村瀬幸浩さん

ことが大事じゃないかしら。

編集部　子どもが小さいときは夫婦が向き合わなくてもとりあえずバタバタと時間は過ぎていきますね。一方で子どもがいない夫婦がいつまでも仲睦まじく見えることがあります。

幸浩　〝子どもができたらうまくいく〟と思い込んでいる人が多いけど、子どもができると夫婦のごまかしがきかなくなる。むしろ厳しくなる。

敦子　妻は子どもの世話におわれ、結婚生活はとても現実的になります。恋愛が非日常だとすると結婚生活は日常性。恋愛の方がむしろ特別。

確かに子どもがいないご夫婦は仲良く見えますよね。関心が相手に向きやすいということはあると思う。それに、２人で出かけようと思ったら、パッと出かけられるでしょ。

幸浩　それは大きいね。

村瀬敦子さん

敦子　ところが子どもができると、妻も夫も子ども中心に生活がまわりはじめて時間もエネルギーもすり減ってしまう。そして夫婦のことは後まわしになっていくわね。

幸浩　長時間労働の問題など、社会的な問題も大きいよ。

敦子　本当にね。せめてあと1時間、早く帰宅できたら全然違うのにと思います。夫に話したいことがたくさんあっても、くたくたになって帰ってきた夫の顔をみると何もいえなくなってしまう。「夫と話ができていますか」と聞くと、「夫が仕事に行く前の10分ぐらい」

と。あとはメールでとか。お互い相手の顔をみて話ができていない。

自治体で子どもを預かるサービスをやっているところもあるけれど、まだまだ十分ではありません。子どもができたらどうするのか、夫婦で真剣に考えないとね。

幸浩　日本では結婚とは何か、子どもができたら夫婦はどうなるのか、学ぶ機会がないまま結婚してしまうからね。

敦子　欧米ではカップルセラピーを受けることで、それまで向き合っているつもりだったけど互いのずれや期待の違いに気づくこともあるみたい。あなたが大学でやっているセクソロジーの授業もカウンセリングのような役割をはたしているかもね。カップルで聞きにくる学生もいるんでしょ？

幸浩　うん。講義の最後は恋愛・結婚がテーマ。セックスのあり方についてもふみこんで話します。結婚というのは性が介在した人間関係。そこにわだかまりがあったら根本から破たんしてしまう。だから相手の心と体をしっかり受け止め、性的な関係をつくること、それが結婚なんだ、と話すと、「聞いてよかった」といってくれる。

長時間労働とセックスレス

編集部　「性」は「生」の一部だからセックスレスの問題も大きいですね。

敦子　「夫とは性的な関係がありません」という声をよく聞きます。

幸浩　イギリス大手のコンドーム会社が調査しているんですが、日本は41ヵ国中頻度が最低です。雑誌でもとりあげていたけど、日本では30代でもセックスレスが増えています。セクシュアルコミュニケーションがとても貧困なんです。

敦子　家でゆっくりすごす時間もないし、日常のたわいない会話でさえとても少ないと感じます。

幸浩　一番大事なのはリッスン（聞くこと）。性行為はタッチ（触ること）だけど、リッスンなしのタッチはあり得ません。

敦子　性行為がなくても仲のいい夫婦はいます。ただ、両方がそれでOKなら問題ないのでしょうが――どちらかが寂しい思いをしていたりする、という場合はどうなのかしら。

幸浩　そもそもセックスレスの定義は、「カップルの合意した性交、あるいはセクシュアルコンタクトが1カ月以上ないこと」なんだよね。ハグをしたり、キスをしたり、いっしょの布団で寝ることもセクシュアルコンタクトに入れているんです。日本ではセックス＝挿入と考えられていて、それがなくなったらすべてなしになってしまう。

そもそもセックス＝挿入と考えていたら中高年以降は大変ですよ。性行為がなくなるきっかけで一番大きいのは中高年期の勃起不全と性交疼痛です。いずれも中年以降に増えてきます。性行為の意味をもっとやわらかく広げて、無理しないで健康やケアとしてのセクシュアルプレジャー（性的な楽しみ）があっていいと思う。さっきの「寂しさ」についてもパートナーとしてどうしたらいいか話し合えたらいいね。

敦子　セックスにたいする考え方をもっと広くゆるくしていくと、女性も男性ももっと楽になると思う。

「性」は「生」の一部だから

編集部　相手に何をしてほしいのか、してほしくないのか、伝えることが大事ですね。

敦子　言葉にするってとても大事だと思います。

幸浩　性には、「生殖としての性」「快楽・共生の性」「支配としての性」の3つの側面があります。そのなかで、人生で圧倒的に長いのが「快楽・共生の性」。これまでそこにまともに目を向けてこなかった。昔は「性」と「生」は別々のものと考えられ、「性」は「いやらしいこと」と思われていたでしょ。いまだって性教育で性器がでてくるとすぐに「わいせつだ」「過激だ」といってバッシングする人がいます。でも「性」は「生」の中のとても大切な部分です。

編集部　リ・スタートするにはどうしたらいいですか。

敦子　課題はやはりリッスンだと思います。たとえば「夫との会話がうまくいかない」という悩みを聞いていくと、やっと夫が重い口でぼそぼそと話をしているのにそれを妻はゆっくり聞いてあげていないし、ときにはさえぎったりする。すると夫は妻との会話がだんだん面倒になってきてどなったりする。なぜすぐにどなるのか、夫に理由を聞くと、こんなふうに妻自身にも思い当たるふしがあるといいます。もちろん逆もありますね。つまり「聞く」という習慣が身につくと関係が変わる可能性があるんです。

幸浩　「会話」「対話」は〝話す〟ことだけど、「聞く」人がいるからしゃべれるんであって、いなかったら話さない、話せないからね（**敦子**　そこ、盲点ね。話すことがコミュニケーションだと勘違いしている向きがあるから）。

この点、中高年の男性の場合、対等な関係で意見をいう機会よりも、先生とか上司とか上下関係の指示で動くことが多かったせいか、つい結論だけをいってしまう。妻が「頭が痛い」といったらすぐに「病院に行け」という具合でコミュニケーションにならない。

敦子　そういう対応されると妻はわかってもらえない、と思うのよね。病院に行った方がいいことは妻もわかっているけれど、まずは「そうか」「どうしてほしいのか」と聞いてもらいたいのね。

幸浩　よりよい関係にリ・スタートしたいと思ったときに、まずできるのは「生」を共有すること。いっしょにおいしいものを食べる、お芝居や映画を見て感動したり笑ったり。そういうことを共有することで気持ちはぐっとほぐれるし近づけます。

敦子　本当に関係を修復したいのであればそ

の思いを相手に伝え、本音を聞くことが大事じゃないかしら。茶化したり冗談交じりでいうんじゃなくて真剣に、そして誠実に。あとは、「なぜあなたはもっと早く帰れないの！」ではなく、「忙しそうね。私はあなたのことを心配しているのよ」といってみては。相手を責めるようないい方が夫婦の緊張を高め、互いの溝を深めていっているのかもしれない。

幸浩　「You（あなた）メッセージ」じゃなくて「I（私）メッセージ」にすることが大事。「あなた（You）、遅いわね」ではなく、「私（I）心配だったわ」というふうに。自分はこんな気持ちでこう思っているのということを伝えるんです。

敦子　ちょっとしたすれ違い、違和感が増殖して怒りになるから、小さいうちに言葉にしていくことも大切ね。

幸浩　根っこにあるのは〝私はあなたの人生に関心をもっている〟ことを伝えること。それがリッスンの原点。聞いてくれると「あ、聞いてくれるか？」となる。誰でも自分の不安や苦しみを受け止めてもらえるのはうれしいよね。

敦子　自分が好きなこと、やってみたいと思っていることを伝えていくこともいいですね。

一人の人間として何かにとりくむ姿は魅力的であり、互いに惹き合うことはあるかと思う。

幸浩　大事だね。それから「親しき仲にも礼儀あり」。僕は自分の〝加齢臭〟にも気をつけていますよ（笑）。パートナーとしてある種の緊張感を自分に課すことは互いに必要だよね。

敦子　夫婦といっても一心同体じゃないんだから、お互い気遣い合うことを忘れちゃいけない。

幸浩　今回、この夫婦のリ・スタートで思い出したんだけど、以前「仕切り直し」という言葉を妻が使ったことがあるんです。ちょうど子どもが自立していく時期でした。妻にこれからどうしていくか、真剣に考えなくちゃいけない、そうじゃないと人生の後半は続かない、といわれてハッとしたことがありました。

敦子　そんなこともあったわね。

幸浩　若いころの激しい気持ち、パッション（情熱）は時がたつにつれてインティマシー（親密さ）へと関係は変わっていきます。性のあり方もそう。長い共同生活の転換点。そうやって互いの関係のありようがかわることによって成熟に近づいていくのだと思いますね。

一度はお互いを「世界一いい男」「いい女」と思っていた時期があるはず。できればいっしょにいるのが楽しいと思えるように努力して生きていきたいね。

カウンセリングのとりくみ「家族の悩み相談」への回答

相談の回答　村瀬敦子／ひとことアドバイス　村瀬幸浩

「家族の悩み相談」の再編集にあたり

編者からのひとこと　星野　恵

これから紹介する相談と回答は、婦人之友社発行、雑誌「婦人之友」の「家族の悩み相談」で2001年～2008年の8年間、敦子さんと村瀬さんが交代でメイン回答者となり、寄せられた相談に答えたほんの一部です。生前の敦子さんが全96回分を切り抜き、丁寧に保管してあったものが見つかったことは村瀬さんがこの本の出版を決意した大きなきっかけでもあります。この本に掲載することで、敦子さんのカウンセラーとしての足跡の一部をみなさんに紹介したいという村瀬さんの熱い思いを受け、選択を任された私が整理し、10点ほど選ばせていただきました。

まずはすべてを読むところから始めました。いつの時代も家族にまつわる悩みに大きな変化はなく、共通するものが多いなぁというのが最初の印象でした。実際の家族の姿は変化しているにもかかわらず、旧態依然とした家族の在り方に縛られている中で起きる様々な問題、また家庭の中にジェンダー平等が根付いていないことがその悩みの根本的な原因とも感じました。

相談内容のすべてが、雑誌の性格上女性からのものであり、「家族の悩み相談」コーナーなので、自分に関わる家族・近親者との間に起きる様々なこととどう向き合うべきかに悩み、何らかの解決の糸口を求めるものでした。もちろんその関係性にお金、暴力、自分以外の女性が絡むとより複雑さが増す傾向にありました。今も根強く残る家父長制のもと「女らしさ」「嫁らしさ」「母親らしさ」にとらわれ、身動きができないものも数多くあり、漠然と並べても整理ができないので、相談内容の人間関係に着目し、５つの観点で整理してみました。

- 自分自身
- 自分とパートナー
- 自分と子ども
- 自分と自分の親族
- 自分と義父母や夫側の親族

この本のテーマでもある、『生涯のパートナシップ』という点にこだわり、自分とパートナーとの関係性に関わる相談を半分、残りは分類した観点から典型的と思われる相談内容を一つずつ選びました。

また、敦子さんの足跡を示すことが大きな目的なので、敦子さんがメイン回答者のものから選びましたが、村瀬さんも最後にひとことメッセージをそえています。

わたしは相談内容を読んでいるだけで、なんだかムカムカ、モヤモヤし「自分はカウンセラーには向かないなぁ」とつくづく思いました。でも敦子さんは相談者の思いに寄り添いつつ、言うべきことはきちんと言ったうえで、解決の糸口として、相手との向き合い方、どのように話し合うべきかなどを具体的に示し、ときには「決断をするのはあなた」と後押しし、相談機関を紹介するなど実にていねいに回答されています。教員を定年前に退職しカウンセラーの資格をとられたのだから、ある意味当たり前のことだとは思いますが、目の前にいる相手ではなく、相談内容が書かれた文章から相談者の思いや立場をリアルに想像し、文章で答えていく作業はかなりの時間と労力が必要だったのではと思います。読み進めるうちに回答を仕上げていく作業はどんな様子で進んでいったのかな？　と疑問がわいてきました。そのことを村瀬さんにお聞きしてみたところ「毎月送られてきた相談を、どちらがメイン回答者になるかをまず決めて、その後はお互いに書いた回答に目は通すが、一切口出しはしないという原則のもと進めた」とのことでした。多少なりとも事前に意見交換をしたのかな？　という予想は外れでした。それだけ、お二人の回答がメイン・サブ問わず同じ方向性の回答であったということです。絶妙なコンビネーション、共同作業だなと感じました。許されるならば、もっとたくさんの回答を掲載できるとよかったのですが、ほんの一部しか掲載できないことが大変残念です。でも敦子さんのカウンセラーの仕事の一端と村瀬さんとの打ち合わせなしの共同作業のほんの一部を知っていただけるコーナーになっていたら嬉しいです。

1 気に入らないとすぐ手を上げる夫

＊＊＊

二〇代の二人の娘が独立した今は、夫と二人の生活てす。結婚してはじめて分かったのてすが、私の夫は直ぐに手が出る人でした。理由が何だったかは覚えていないのですが、初めて殴られたショックは忘れられません。けれども、実家に相談しても、男はカッとなると手を出すこともあるから仕方がない。私が逆らわないようにしなくてはいけない、と言われました。そして私もそんなものなのかなと想い、できるだけ殴られないように気をつけましたが、それても何かのはずみに跡が残るほど、夫にはよく殴られました。

夫はサラリーマンで、会社では真面目でよく働き、そこそこの出世もして、人づきあいも問題があるような人ではないし、外ではこれといった問題を起こしたことはありません。お給料もきちんと入れてくれますし、金銭面では不自由をしたことがなく、私も習い事などで外に出ることもできました。

けれども家では、最初は私にでしたが、娘が生まれてしばらくたって、聞き分けのないことを言うと、すぐに手が出るようになりました。それを私がかばうと、今度はお前のしつけが悪いと言って、私が殴られました。

長女は、高校の時から不登校になってしまい、何とか大学は出たのてすが、就職して職場の人間関係がうまくいかず、今は仕事をやめてフリーターのようなことをしているので、生活費は私が送金してやっています。二女は大学を出て、仕事に就きましたが、やはり人間関係に苦しんでいるようです。

長女は、自分が人間関係がうまくいかないのは、お父さんに殴られて育ったからだと言います。そして、なぜ私が止められなかったのか、離婚をしなかったのかと責めます。私も何度か離婚を考えたのですが、娘二人を抱えて一人て食べさせていく自信もなかったし、夫は殴らないときは、特に困る遊びをする人でもないので、離婚に踏み切れなかったのです。

年と共に殴ることは減りましたが、ついこの間も、娘のことで口論になったとき、お前の育て方が悪かったと私を殴りました。五六歳にもなって今さら離婚でもないと思いながら、殴るのだけは止めて貰いたい、また、きちんとした仕事にもつけず、ボーイフレンドもつくれないでいる長女の将来を、どのように支えてやったらよいかと心配が絶えません。（静岡K・T）

＊＊＊

〈相談の回答〉

はじめにDV（ドメスティックバイオレンス）とDV法[※1]について簡単に触れておきましょう。

わが国では01年10月にDV法が施行されました。配偶者に対する暴力は〝犯罪〟と位置づけられたのです。現在全国の女性センターなどにDV被害者のための相談や支援機関が設置され、専門の担当者が自立支援や保護施設の利用などに関する情報の提供や相談に応じてくれます。ある調査によれば、夫に殺されるかもしれないと思ったことのある妻は、既婚者の約5％、200万人程。身体への暴力だけでなく、脅迫や性的行為の強要を含めると妻の20％が被害を受けているといいます。現行法では身体的暴力に限られている点が大きな課題であり、他にも見直しが求められるところが多く、実態に則した法改正が急務といえます。

さて、あなたの夫がそうであるように、社会生活上・人間関係上何ら問題のない人が、つまり外の世界では自制できる人が何故DVなのかという疑問です。これについて〝男は暴力を選んでいる〟(※2)という意見がありました。暴力をふるわなくても済むことを暴力で片付けようとする、しかも家の中で妻なら殴ってもいいと判断している、内と外の間に線引きして、使い分けているというわけです。また別の意見は、会話能力では妻に勝てない男がどなったり、脅したり、叩いたりして妻より優位に立とうとする、あるいは暴力的な父親のふるまいをみて育った人が暴力をコミュニケーションの手段として身につけてしまっているという意見。男の暴力性は育ちの中でつくられるという見方もあります。男の子は強くたくましく、競争社会を優位に生き抜くためには、パワフルであり攻めの姿勢が奨励されます。乱暴者でも男なら許される風潮。攻撃的なふるまいも、暴力でさえもこうした背景のもと容認されがちです。「男はカッとなると手を出すこともあるから仕方がない」と、あなたが諭されたように。残念ですが、このようにして育てられた男たちが失ったものはとても大きく重い。それは、他者の痛みを感じとる心であり、他者との関係を育む力、やわらかな感性や共感能力、他にもいっぱい!! 男たちもそのことに少しずつ気づきはじめているようです。(※3) 夫の暴力はあなたのせいではない、あなたの関わり方の問題ではないことをわかっていただけたでしょうか。

夫が手をあげそうになったらはっきりノーという。不快だと。夫の目をみてあなたの気持ちも意見もしっかり伝えてください。それでもあなたを殴ろうとしたら逃げること。ご自分と娘さんを守ることはとても大切です。それぞれの事情があってのことですから、いつも有効かどうかわかりませんが、家の中を密室状態にしない、いつでも外部と連絡をとりあえるようにしておく。そして第三者に関わってもらう解決法もあると思います。夫婦の間で、もめごとが起こると大てい決まったやりとりのパターンがくり返されるのですが、これまでとは違う対処法を試みてパターンを崩してみてはどうでしょうか。

最後に娘さんのサポートについてですが、あなたがご自分の結婚に意味を見つけ、肯定的にとらえている側面もあるとすれば、離婚しなかったわけも、夫との暮らしでよかったことも正直に語ってあげたらどうでしょうか。娘さんの不安や問題に正面から向きあって答えてあげること、娘さんの辛かった体験をそのままゆっくり聴いてあげられるといいですね。

※1配偶者からの暴力の防止及び被害者の保護に関する法律
※2『なぜ男は暴力を選ぶのか』沼崎一郎著（かもがわ出版）
※3毎日新聞連載「女の気持」「男の気持」

＊＊＊

ひとことアドバイス

「五六歳にもなって今さら離婚でもないと思いながら…」とあなたは結論を出しておられるようです。ですからこれは相談ではなく〝愚痴〟になってしまっています。「殴るのだけは止めて貰いたい」とありますが、一体誰に向かっておっしゃっているのか。

夫に向かって叫んだらいかがですか。「ナグルナ！」「ヤメロ！」「バカニスルナ！」「ウッタエルゾ！」思いっきり口ぎたない言葉で。

そして止めなければ訴えたらいいのです。これは犯罪なのですから。五六歳といっても平均まだ三〇年くらい生きるんじゃありませんか。短くありませんよ、三〇年。おびえて暮らすのですか。

2 夫の性格が受け入れられない

＊＊＊

結婚して一三年目の三〇代の主婦です。家族は四〇代の夫と八歳、二歳、もうすぐ一歳の子どもです。夫は幼少の頃、両親が離婚し、一年ほど伯母に預けられたり、家が貧しく高校にも行かせてもらえなかったそうです。その後は弟たちと三人で金銭的に母親の面倒をみていました。母親は自分は不幸な人間だと思い込んでいるようです。喜怒哀楽が激しく、仕事も長続きせずに、いつも誰かに養ってもらっています。今は十歳年上の人と同居し、その人に支給されている生活保護で生活しているようです。

最近、そんな母親に夫が似ていることに気づきました。仕事のストレスがたまるのか「疲れて病気にでもなって、死んだら楽なのに」と口に出して言ったりします。そんなに辛いのであれば仕事を辞めるように勧めると、「自分はこんな性格なのでどこに行っても同じだ」というのです。

私は子どもたちの日々の成長を楽しみにしていますし、心が癒されます。しかし夫は三人の子どもを負担に感じるようで、「かわいいとは思うけれど、長女一人の方が良かった」ともいいます。休日は家にいたがらず、パチンコや喫茶店に出かけて行きます。たまに家にいると、ストレスで下痢になってしまうようです。

私が少しでも何かを注意すると、カッとなって「死んだら楽だろう」などと言うので、それ以上話ができません。幼少からの環境でこんな性格になったのだと夫はいいます。私には理解しづらく、夫に対して強いストレスを感じます。

私が三人の子育てを全面的に引き受け、夫に負担をかけないように、休日にパチンコに出かけるときも、優しく声をかけるようにすれば夫の気持ちも落ち着くのでしょうが、そこまでしないといけないものなのかと悩んでいます。

どうかご意見を伺わせていただきたく、よろしくお願いいたします。（鳥取T・H）

＊＊＊

〈相談の回答〉

お手紙を拝見して、あなたが夫（仮にTさんとします）に強いストレスを感じるのは、無理もないことだと思いました。私は次の三つのことについてあなたとご一緒に考えてみたいのです。

一つは夫をどう理解し、サポートするかということ。確かにTさんは子どもの父親としてもまことに未熟な感じがしますが、Tさんの生い立ちを想像してみるとわかるような気もするのです。甘えたい盛りに両親から引き離された体験、子どもらしい楽しみを味わうよりも、不安や気遣い、寂しさを味わうことの方が多かったのではないか、人との温かな安定した関わりも乏しかったことでしょう。貧しくて高校に行かせてもらえなかったために、Tさんは夢や希望をあきらめなければならなかったのでしょうか。本当にやりたかったことがあったのかもしれない。また色々辛かったり、悔しかった様々な思いを心の底に沈めて。だからTさんは、今もって自分の人生を自分のものとして受け入れていないのです。自分を生きていないから、子どもの父親としての覚悟も、働き手としての責任もどこか曖昧で、頼りない感じがするのだと思います。

もしTさんが〝不幸な生い立ち〟を盾にして人生に直面するのを避けているならば、〝不幸な生い立ち〟にもう一度立ち戻って、ここまで引きずってきた子ども時代を卒業する儀式が必要でしょう。それは、自分の中の内なる子どもをいとおしみ、自分をとりもどす作業といえます。心の奥深くにしまい込んでしまった悲しみや怒りに向き合い、言葉にし、十分味わうこと。セラピストに手伝ってもらってする作業ですが、あなたにもできます。Tさんの側にいて彼の子ども時代の話を聴くだけでいいのです。心を込めて聴いてあげてください。Tさんの気がすむまで伴走者のように。世界中にたった一人でも、心底自分の苦しみをわかってくれる人がいたなら、人は死ななくてすむのだと聞いたことがあります。いつかあなたの心がゆったりしていて、Tさんが落ち着いているときに語ってもらったらどうでしょうか。

二つ目は、あなたご自身のストレス対処法についてです。あなたは三人のお子さんの日々の成長を楽しみにしていて、心が癒されるとおっしゃっていますね。大らかなやさしい方なのかなと想像します。そんなあなたをサポートしてくれる方はいますか。身内や友人は？　ぐちを聴いてもらったり、困ったときに力になってくれる方を。地域の母子支援センターなども活用しましょう。息抜きも気分転換も大切です。ただし注意したいのはお子さんをあなたの慰め役にしないこと。お子さんにあなたのぐちの受け皿をさせてはいけません。子どもは子どもとして生きられるように、大人は大人同士で問題に対処しなければなりません。

三つ目は、夫婦関係の見直しです。Tさんの魅力は何ですか。Tさんの性格や振るまいの中にいいなと思えるものがきっとあるはずです。いいなと思ったことを言葉にして伝えてみましょう。一日に一つがこつ。あなたもよい気分になるでしょう。しばらく続けてみてください。人の見方や接し方がポジティブになり、お子さんにもよい影響があらわれるでしょう。Tさんの自信につながることなら何でも工夫してやってみてください。Tさんもあなたも相手に肯定的になれると、互いが居心地よくなって夫婦関係もかわると思います。

＊＊＊

ひとことアドバイス

この方の文章を読んでまず思ったのは、夫（Tさん）はいま男性更年期にさしかかっている

――或いは中ごろを生きている――のではないかということです。

四〇代、もう若くはない、しかしまだ老年ではない、がこのまま後半生をどう生きたらいいのか、自信がない、不安である。「疲れて病気にでもなって、死んだら楽なのに」という科白《せりふ》は、結構本音かもしれません。

実際にこの年代の男性をおそう心の病いに「ひきこもり」「中年うつ病」があるし、場合によっては〝自殺〟の誘惑にとりつかれるケースもあるのですから。

Tさんの性格、甘えなどもないまぜになっていてあなたが腹立たしい思いをなさるのもわかりますが、ここは一つ、「こころの病い」と考えて、ときには一緒にパチンコに行ったり、二人でたのしいことをしたり、つまり「注意する言葉」や「憐みの視線」ではなく、たまには「ともに生きる視線」でつき合ったり、つき合わせたりしたらどうか。

Tさんはわがままかもしれませんが、今とても寂しいのです。

3 夫、息子と心が通わない悲しみ

＊ ＊ ＊

家族は五〇代の私たち夫婦と、別所帯の娘と息子の四人。

夫は長年夫の父の経営する会社で働き、今年はじめ父の死去と同時に退職。今は月約二〇万円の失業保険で暮らす日々です。私は中学の頃から心臓神経症で、電車にも車にも乗れず、ほとんど家での生活を余儀なくされています。夫は膠原病で太陽に当たれず、外に出る時は傘と帽子、フード付きの衣服、マスクをつけて生活する日々です。現役で仕事をしていた時代は、肉体労働で大変辛い思いをしながら働いて、家族を養ってくれていたことには感謝しています。

夫は六歳で母を亡くし（義理の母が二度かわる）、父親の仕事の場所が変わる度に飯場を移動。極貧生活で学校にはほとんど通えなかったといいます。中学を中退して工場で働き始め、いつしか人を受け入れられなくなってしまったようです。今は極端に人を避け、知人が来たり電話があっても怒り、息子や娘が来ても怒るという具合（勿論帰った後で）。とにかく一人になりたい、一人で思うように生きたい、家族が重荷というのです。私もいつも機嫌の悪い夫の顔色をうかがいながら、戦々恐々として暮らすのに疲れ、今後、どう生きていけばよいのか悩む毎日です。会話も殆どなく、夫の口から出る言葉は、むなしい、不安だ、生きていてもつまらない。胸やお腹が痛いのに、忠告には全く耳をかさず、病院に行こうともしません。いつも自分を抑え、人から頼まれると断れずに、笑顔で応えるため、周囲からは温厚でやさしい人と思われています。本当の自分を出せず、演じ続けてきて疲れたのでしょう。そういう意味では、同情すべき点もありますが、朝から晩まで一緒にいると小言や愚痴、不平不満の嵐で、私も疲れてしまいました。

どうか助けてください。今は相手を殺すか、自分が死ぬか追い込まれた心境になっています。

また、大学を出て働かない息子にも、どう対応したらよいか困っています。私どもが購入したマンションに、大学に入ってから高校の同級生と同棲して、彼女が働き、息子は家にいる生活です。管理費と光熱費を親が負担しています。息子は親にいっさい心を開かず、彼女が妊娠して中絶したことも、後で娘から聞いたり、今春人身事故を起こした時も、警察からの電話で知るなど、親として信頼されていないことが悲しくてなりません。

（名古屋S・Y）

＊＊＊

〈相談の回答〉

お手紙を拝読しました。とても大変な人生を歩まれて、今病いを得、殆ど生きるのぞみも楽しみも失っている夫と、どう向き合っていくのか。あなたご自身もパニック障害を抱えていらっしゃる、毎日がどんなに苦しいことかと思います。夫は何もかもわずらわしくて、とくに人との関わりが負担で、一人で暮らしたいとおっしゃっています。夫の本心なのでしょうね。あなたやお子さん方のせいではないのです。

　おっしゃるように夫は子どもの頃から人の顔色をうかがい、養母に気兼ねしながら生きてこられたのでしょう。いやといえない性格や仮面のような笑顔が、困難だった夫の生育をもの語っているようです。夫と父親との関係がどのようなものであったのか、仕事を辞めてしまったのはどうしてなのか。父の存在が夫を仕事や社会的立場にかろうじてつなぎとめる役目をしていたということなのでしょうか。父の死とともに、夫の中の何かが崩れた、自分を律してきたタガがはずれたというのか、抑え込んできたネガティブな感情とともに、自分の本来の欲求がやっと表に出て来たということなのでしょうか。同時に生きる目当ても見失っているようで、治療を拒否するという行動にもつながっているようにみうけられるのです。「むなしい」「不安だ」「もの悲しい」などの夫の言葉は、あなたからすれば気が滅入るばかりかもしれませんが、これが夫の本音なのだと思います。あなたは夫の本音とつき合うことができますか？夫の気持ちを受けとめて、「ああ、そんな気持ちなんだね」と聴いてあげられるでしょうか。しかし私たちは神、仏ではないので、相手のことばに傷ついたり、腹が立ったり、言い返したくなることもあります。そんな時には、我慢しないで、自分の気持ちを伝えたいものです。「そんな言い方をされると、私は傷つくし、辛い気持ちになります」と。相手の気持ちも自分の気持ちも大切にしたやりとりは可能なのです。

あなたが「聴く」こと、「自分の気持ちを伝える」ことを、その都度意識してやってみると、夫の方も自分のことばに自覚的になれるのかもしれません。夫は命令されたり、指図されて動くことに嫌悪感があるようなので、あなたが心配して治療をすすめても耳をかさないのだと思います。人生に何かの楽しみをみつけたり、心地よい体験を重ねてもらう方がより治療的といえるのかもしれません。夫のためにあなたにこうした手助けを求めるのは可能でしょうか？

さて、疲れ切ってしまったあなたの回復のためにできることを考えてみましょう。しばらくの間、夫と別居、あるいは入院して治療に専念する方法があります。同居を続けるのであれば、一日あるいは一週間の過ごし方にメリハリをつけて、あなたがホッとできる時間と空間をみつけましょう。図書館や公園など心やすらぐ場所、コーヒータイム、音楽や読書、心の通いあう友人とのおしゃべり、おしゃれ、趣味のことなど、楽しめることをみつけ、あなたの心の拠り所をつくりましょう。夫とほどよい距離を取れればあなたも夫もすこし楽になるかもしれません。

息子さんとはどのような親子関係なのでしょうか。息子さんが心を開かないのは何故なのか、およそ見当がつきますか。親からみれば、心配の種のような息子さんかもしれませんが、彼女がいて、生活もできて、息子さん自身が選んだ人生なのですから、見守ってあげたらどうでしょう。親のマンションに住み、管理費も光熱費も出してもらっているのは随分恵まれています。このような援助を続けるのがいいかどうかは、意見のあるところかと思いますが、とりあえず、二人の幸せを祈る気持ちで接してあげられるといいですね。親に信じてもらって、子どもは自分の生きる力を確信し、自信をもてるようになるものです。

最後に、あなたと夫の病状、抑うつ状態について最寄りの精神保健福祉センターに相談なさって下さい。定期的にカウンセリングを受けるなど、地域や行政の援助を活用して下さい。お二人の心とからだの回復と関係の改善をお祈りします。

＊＊＊

ひとことアドバイス

いろいろな苦労を一身に背負って生きておられるご様子――なにもかも放り出してどこかよその世界に行ってしまいたいと思われているのではないでしょうか。でもそれは出来ないのです。辛くても私たちは、生きていくしかないのですから。

夫さんが〝家族が重荷で一人で生きたい〟と言われる、その一点で娘さん息子さんと相談できませんか。相談というより「何とかして！　力を貸して！」と叫ぶのです。親が窮地に陥っているのです。思いきって泣きついたらどうでしょう。

息子さんがあなたに相談しなかったのは、余計な心配をさせたくなかったから。その息子さんにも頼んでください。

＊＊＊

4 どう生きるか決心がつかない

結婚一二年目、三〇代後半で、小学生の子どもが二人います。夫との関係でずっと悩んできました。夫に強く望まれ、そんなに思ってくれる人と結ばれた方が幸せかと、応じました。ところがすぐ、半ば無理矢理に妊娠。悩みましたが、中絶は殺人と思い産みました。一方、夫はすぐ親にうれしそうに報告。親が孫をほしがっていたと他から聞き、利用されたと感じました。出産後一週間は強引に夫の実家に連れていかれ、家族ぐるみで悪口をいわれ、私の実家に帰ることもゆるされませんでした。

夫は父の会社の役員でしたが、生活費は結婚当初が月八万円、子どもが二人になって一五万円になっても、ビールやたばこなどを買わされると、とても生活できません。ボーナスもありません。所得証明を見ると一五〇〇万円以上あり、家のローンを引いても納得できません。出産前、「子どもを置いて実家に帰ったら？」と言われたことがありますが、これが本音だったと思います。

子どもと九州の実家に帰省していた時に、阪神大震災があり、約三ヵ月実家に停まることに。夫も二週間ごとに泊まりがけで来ていましたが、その間に水商売の愛人ができ、五、六年続いたようです。マンションを借り、自宅へは夜中に帰宅する日々の中で、私は第二子を妊娠。夫婦仲は冷え切っていたのですが、夫から離婚話が出た時、事実が見えていない私は、夫の彼女宛の手紙を発見して、彼女との再婚を望んでいたと知りました。でも第二子出産を彼女に知られ、関係は解消されたようです。だんだん夫のいらだちがつのり、私もストレスからくるホルモン失調に数年間悩みました。その女性とハワイで挙式をしていたのに憤りを感じ、離婚しようと思いましたが、周囲に「夫のほうが資産家なので親権を取られる」と反対され、諦めました。

彼女に逃げられて数ヵ月間落ち込み、その後別のガールフレンドと海外旅行に出かけました。私や子どもを追いまわしたり、どなる、のしかかる……。夜中に奇妙なうなり声で起こされ、見ると首吊り自殺の真似をしたり、「出て行けー」と叫びながら階段を転げ落ちたりしました。親の勧めで精神科へ行き「鬱」の診断で入院といわれましたが、本人が拒否。姑から「先生に愛情に飢えているのが原因と言われたから、今からでも改めるように」と言われ、不信感は決定的なものになりました。

夫は父親との折り合いも悪く、二年半全く出社していません。居間に陣取り、家族を監視している感じです。半年ほど前、精神科に行くよう勧めて、応じてくれましたが、病院と家での態度の違いを先生に話すと「境界型人格障害」との診断でした。

一ヵ月前も些細なことで子どもの首を絞めたり、火をつけて脅すなどが重なり、家に帰るのが怖いと言うので、子どもの気持ちを聞いた上で転校手続きをし、私の実家に帰りました。上の子は六年の途中の転校に苦しんでいる様子ですが、夫が出て行かないのなら、私たちが出ていくしかなかったのです。

個人主義で現実的な私と、昔風の、二言目には「楽しく」という夫が、ただ縁あって子どもの親である、ということなのでしょうか。こじれてしまった原因を、双方とも相手だと考えています。私も、もう少し夫や夫の親を立てていれば、ここまでされなかったかもしれません。でも、そうはできませんでしたし、これからもできないと思います。わがままなのでしょうか？　離婚も、年齢など現実的に不安で、決心がつきません。（九州Ｔ・Ｋ）

＊　＊　＊

〈相談の回答〉

お手紙を拝見しました。あなたご自身にはDV（ドメスティックバイオレンス）の被害者という自覚はないようなのですが、結婚以来夫があなたにしてきたこと、その実態はDVそのものではないでしょうか。

ご承知のように、昨年DV法が改正されて、配偶者（元夫や恋人関係なども含む）からの身体的暴力のみならず、精神的・性的暴力も該当することになったのです。例えば性的暴力。性行為の強要や避妊に協力しないなど。あなたの場合はあなたが望んでいないのになかば無理やり妊娠するはめになった、とありました。夫と夫の両親が子どもの誕生を強く望んでいて、その勢いに押しきられるように出産、その上「子どもをおいて実家に帰ったら」という理解に苦しむ夫のことばです。結婚後のあなたの人生の計画や夫との約束ごとはすべて無視されて、まるで子産みの道具のような扱われ方でした。生活費の問題もそうです。年収一五〇〇万円以上の経済力がありながら、なぜ一五万円の生活費なのでしょう。わざと経済的に困らせるなどの行為もDVです。他にも精神的暴力に該当するいくつもの出来事がありましたね。あなたが実家に帰るのを禁止する、家族ぐるみであなたの悪口をいうなどなど。そして夫は愛人と挙式までして、数年間、関係を続けました。どれもあなたに精神的苦痛を与え、そのストレスからあなたは心身のバランスを崩し、チックなどの症状に苦しみました。愛人との関係が破綻すると夫のいやがらせ行為は、あなたやお子さんへのつきまといの様相をおびてエスカレートします。夜中に首吊りのまねをして脅したり、追いかけまわす、監視する、どなり散らす、のしかかるなど尋常でないふるまいの上、お子さんへの暴力もありました。首を締める、火をつけて脅すなど、虐待そのもので見すごすわけにはいきません。心身を傷つけられ、転校をよぎなくされ、不登校になったお子さんもまた父親のDVの被害者といえるでしょう。

〝自分は我慢なのか〟〝自分の意見をいわない方がいい？〟〝夫も親も立てるべき？〟あなたの思いとして書きとめられたこれらのことばですが、実は長い間妻たちを縛ってきた〝世間の常識〟なのではありませんか？こんなものにあなたの大切な人生や尊厳をゆだねるわけにはいかないと思うのです。もうあなたは十分にがんばって辛い現実を生きのびてきたのではありませんか。ご自分の考えや願いを大切にしましょう。一人で悩まないで、これからのあなたのこと、お子さんの心のケア、気がかりな親権のことなど、まずは行政の窓口に相談なさって下さい。国や自治体は民間と連携してDVの支援活動を展開しています。福祉行政を活用し、弁護士、カウンセラーと相談して、まずは小さな一歩を踏み出しましょう。

＊　＊　＊

ひとことアドバイス

「もう少し夫や夫の親を立てていれば」というあなたの述懐は、文面の中身といかにもそぐわなくて読む者を混乱させます。

また「決心がつかない」とありますが、あなたはすでに心を決めているのではありませんか。「不信感は決定的」「転校手続きをした」「これからもできないと思う」など。転校手続きというのは母親の一存で出来るのでしたっけ？「子どもだけ置いていけ」といった夫、或いは夫の親は転校にどう反応されたのですか？

三〇代後半という年齢は大変だけれどもまだ十分なやり直しのきく時期ではないでしょうか。私が心配するのは中途半端な状態でまた戻ったりした時の〝身の危険〟です。何か起きてしまったらそれこそとり返しのつかない状態になりかねません。あなたにも、子どもたちにも、そして夫にとっても。

ぜひ第三者に入ってもらって下さい。あなたの主体的な人生はそこから始まるのではないでしょうか。

5 定年後の夫との関係が負担

＊＊＊

五〇代の主婦。うつ病で通院し、薬を飲んでいます。家族は、三年前に定年退職した六〇代の夫と、子ども二人です。

長男は大学卒業後に企業に勤めましたが、自分のしたいことではないと、今は福祉の仕事を目指して学校に通っています。長女は中学の教師をしていて、来年結婚することが決まっています。夫については長男は「仕事ができるので尊敬しているけれど、友達もいない、から威張りしているだけ。我がままで子どものような人」と言い、娘も「尊敬はする。でも人に会わせるのは恥ずかしい」と言って一人暮しをしています。そう思わせるのには、私にも責任があると反省しています。夫は長男のことを「鈍くさいやつだ。本気でやっているんだろうか、人をすぐ信用するので騙されはしないか心配だ」、長女についても「女のくせに気が強く生意気だ」と言います。

私は農家の四人姉妹で、信心深い祖父母と働き者の両親のもと、にぎやかで楽しい家庭で育ちました。高校卒業後、働いていた町工場で夫と出会いました。彼の家に行ったとき、大へん歓迎されましたが、夫は家族も恐れるくらい短気な人と知り、交際をやめたいと告げ、彼は転職して去っていきました。ところがある日、出張帰りに私の職場に寄って「母も姉も心配している。もう一度だけ家に来てほしい」と求められ、断りきれずに付き合い、結婚することになりました。式の前夜にも逃げ出したいと思いましたが、彼の社会的な立場を考えるとできず、彼の家の二階で新婚生活が始まりました。私は義姉の子どもたちを子守りする日々の中で、夫が出勤すると姑に「ここは私の家ですから、いつでも出ていってもらっていいんですよ」と言われたりしました。

しばらくして夫の転勤で核家族になりましたが、夫は給料の一部を渡すだけで、母に仕送りをしているようでした。私は独学で資格をとり、働くことにして何とかやってきました。私の実家では毎年お盆に、八〇代の両親を囲んで親戚が大勢集まります。子どもたちも楽しみにしていますが、夫はそれが苦手らしく、家庭菜園を理由に行きません。毎朝、一時間半ほど歩き、体重、体脂肪、血圧のチェックをして、お酒もほとんど飲まないなど、健康管理は万全。日中はパソコンに向かい、外出することはありません。

ちょっとしたことに腹を立て、大声を出すので「やめてほしい」と言うと、「俺は我慢に我慢した上で言うのだから、おまえが気をつけたらいいことだ」と言い、一日一回は必ず怒鳴られます。私のことを「のろま、お喋り、だらしがない、常識がない、すぐ人を信用する」と言います。夫自身、母親から「人を信用してはいけない、騙されない、笑われない、馬鹿にされない、失敗しない、保証人にならない」などと言われて育ったようです。

先日、あまりに悲しくなって「毎日あなたの顔色を気にして暮らすのに疲れました。離婚した方がお互いのためではないかしら」とこぼすと、「そうか、じゃあ今すぐ別れよう」と言うのです。「親としての責任があるので、子どもたちが独立するまでは見守ってやらなければ」と言うと、「いい加減にしろ」と食事をしてくれませんでした。自室にこもってのハンストは時々あります。子どもたちが独立して、孫の顔を見るまでには元気になっていたいと思います。アドバイスをお願いします。（岐阜Ｈ・Ｔ）

＊　＊　＊

〈相談の回答〉

夫のことばの暴力には本当に困ったものです。こんなことばを日常的に浴びせられたら誰だって生きる力をそがれてしまうでしょう。しかしお子さん方は冷静ですね。「から威張りしている子どものような人」とは、ご長男の評価。お父さんは家族のために必要な存在ではあるけれど、親しめない人、なのでしょうか。

あなたは本来おおらかな性分で話し好きな楽しい方なのでしょうね。人の和が好き、自然が大好き。そんなあなたに育てられた二人のお子さんは、しっかりとした人生観をもった、やさしい人柄の若者に成長されました。子育てにお父さんがどのように関与されたのかわかりませんが、お子さんたちは、お父さんの〝働き〟を認め感謝していますね。何かを学びとっているのでしょう。

ところで夫の信念のひとつに「人を信用してはいけない」というものがあります。他にも、騙されるな、笑われるな、バカにされるな、失敗するな等々。母親からの教えとか。

ここからは一般論として聞いて下さい。人は失敗する生き物なのではありませんか。ヘマもやるし恥もかく、どんなにがんばっても一〇〇%完璧な人にはなれません。だからあまりに非現実的な信念にとらわれると至らない現実の自分が苦しくなります。自己信頼感がそこなわれ自信がゆらぐのです。そんな時、人はどうやって自己を回復するのでしょう。とらわれているゆがんだ信念に気がつけば、本来の不十分な自分を認め受け入れられるでしょう。けれど傷ついた（と思いこんでいる）自己を守り補強するために、自己の価値を底上げしたり、他者をおとしめたりすることもあるのです。理由のよくわからない暴力や暴言、から威張り、ある種のいじめなどがそうです。また例えば〝〇〇すべき〟といった固い枠をもっている人は、他者にもそれを求めがちです。他者が枠におさまっているうちはいいのですが、期待通りにならないと、相手を責めたくなるし、威圧的な言動になりがちです。〝人は信じるに値しない〟という信念をもっている人は、よろいを着て自分を守らなければなりません。本心の見えない相手に、人は安心して近づくことはできませんね。

夫の暴言には、もっと複雑な要因があるのでしょう。ただ人と関わるのをわずらわしく感じているように見受けられますし、もっぱら一人で畑仕事をしたり、パソコンに向かっているほうが性にあっているのでしょう。それでいてあなたが友人と楽しくつき合っているのをみるとねたましく思うのでしょうか。「お喋り」とか「常識がない」など言いがかりのようなことばをきくと、夫は本当は孤独で、寂しい人ではないかと思ったりします。

夫のこのような心のもち方やふるまいはもちろんあなたやお子さん方のせいではありません。夫が自分の問題として解決すべきものでしょう。あなたはご自身の心とからだの健康をとり戻さなければなりません。夫の顔色をみながら暮すというのはあなたにとってしんどいことですが、夫にとってどうなのでしょう。夫は健康管理も完璧のようですし、自分のペースで自分の満足のいく暮し方をされているようです。あなたもあなた自身のために心地よい時間の過ごし方をして、互いに都合のよい距離をとること、時には夫のもとを離れて過ごすのもいいのではありませんか。今後の治療方針も含めて、一度専門機関に相談なさるといいと思います。とりあえず近くの保健センターか、市の男女平等推進センターを訪ねてみて下さい。

＊＊＊

ひとことアドバイス

感情的になってはいけないのでしょうが、こういう男性、本当に腹が立ちますね。「一体何様だと思ってんだ！」と。それにしてもお子さんはよく育ちました。お父さんを超えて。

そして身から出た錆とはいえ、夫の孤独です。子どもたちにも妻からも慕われず、不機嫌病にとりつかれた夫、でも本人は、病むか倒れるかしなければその事に気づかないでしょう。ならばその夫とはかかわらないあなたの幸せ探しに精を出されたらいかがでしょうか。

「離婚」など口に出されるのなら、本気で考えてからがいいと思いますよ。

＊＊＊

6 子どもの心に思いが届かない苦しさ

長男は仮死状態で生まれて体が弱く、神経質に育てたところがあります。幼稚園では友だちとトラブルを起こすと指摘され、小学校でもそれは続きました。先生からひどい体罰を受けたり、私も時には殴ったりしました。高学年では認めてもらいたいためか、もっと問題を起こすようになり、中学、高校は本人の希望もあって、私立校に進み、のびのび過ごしました。ただ気にいらないことがあると暴れ、物を壊したり、威圧的な態度で、自分の主張をまくしたてます。

大学では司法試験をめざしましたが思うようにはかどらず、それを家のまわりで騒ぐ若者グループのせいにして、今は学生用マンションで一人暮らしをしています。就職活動がうまくいかないのは浪人させてもらえず三流大学に行ったからだと言います。いわゆる人格障害の一種で、私はいつも何か事件を起こすのではないかという不安を感じています。

娘は、幼児期からまったく心配のない子と思ってきましたが、中二の三学期に、突然学校に行けなくなりました。思えば中学入学時から食欲がなかったり、元気がなかったのですが、「この子は大丈夫」とあまり気にとめていなかったのです。心療内科に行ってはじめて、娘が小さいころから暴れる兄に恐怖を抱き、疲れ果てていたことを知りました。兄を止められない父親に失望と嫌悪を覚え、母親である私にも「あの時お母さんがこう言ったけれど、いかに傷ついたか」とくり返し訴えます。そんなつもりはなかったと言っても、お母さんは言い訳ばかりすると怒り、お母さんのせいで自分は自信を失ってしまったと言います。

学校には三年から何とか通い始め、病院通いは高一の二学期で一応卒業。ところが高二の昨秋から、死にたいと泣くようになりました。「小学校の頃から死ぬことばかり考えていた、一七年も生きれば充分」とカッターナイフで手首を傷つけたりします。再度行った病院の面談では、ますます家族に対して憎悪を募らせているようでした。祖母からもらったお金で洋服を買いまくり、私にはなぐる蹴る、ものを投げつけるかと思うと、べったり甘えてきたりします。

病院の先生は、彼女の言うことを受け止めるようにと言われますが、私も娘と話すのに躊躇するようになり、何も言わなければ、どう思っているのかと問いつめられます。自分は鬱病で、こうなったのはお母さんのせいだから病院に行って薬をもらってきてほしいとも言います。

兄は妹の気持ちにはまったく気づいておらず、かわいがっていますが、娘は被害者意識を募らせるばかりです。

父親は仕事人間で、家でも仕事を広げない日はありません。それ以外はビデオで映画を見ています。そんな夫への私の不満やあきらめが、子どもにとってよくなかった、そのひずみがこうして出てきたのだと感じます。

息子にも娘にも「自分は生まれて来ない方がよかった、なぜ生んだの」といわれ、私自身精一杯やってきたのに、何でこんなに苦しまなくてはならないの、という気持ちもあります。この二〇数年間は、私にとってなんだったのだろうと思う毎日です。子どもの気持ちをほぐし、前向きに生きるためには、どうしたらよいのでしょうか。

（八王子市Ｗ・Ｕ）

＊＊＊

〈相談の回答〉

この二〇数年間は自分にとって何だったのだろう、精いっぱい頑張ってきたのに――。あなたの心の叫びが聞こえてくるようで、胸が痛みます。今助けが必要なのはあなたご自身ですね。もう一人で頑張るのはやめて、助けを求めましょう。どのようなサポートが欲しいですか。力になってほしいのはどなたでしょうか。おつれあいにはあなたの窮状がわかってもらえそうですか。

二〇年以上もの間我慢し続け、すっかりあきらめたつもりのおつれあいとの関係。でもあなたがおっしゃるように、夫への複雑な思いと解消できない不満がお子さんとの関係にも影をおとしてきたかもしれない。思えば家事も子育ても近所づきあいも何もかも引き受けて、というより、やらざるを得なくて頑張ってきましたね。そんなお母さんの姿や、心の内をお子さんたちはどんな気持ちでみていたのでしょう。とくに娘さんは子どもなりの知恵でお母さんに心配かけまいと気遣い、お母さんを慰めてきたのでしょう。

けれど本当は自分がお母さんに慰めてほしかったし甘えたかった、子どもの自分が子どもとして生きられなかったということです。これは、困難な家族関係の中でつくられた一つの過程であって、あなたの子育ての責任などではありません。

そして、事態はもはやあなたの努力の限界をこえていることをおつれあいにわかってもらわなければなりません。協力を求めることができるでしょうか。家族の危機は家族の再生のチャンスでもあるのです。あきらめないで夫との共同戦線で解決をめざしましょう。父親が本気で家族に関わると夫婦関係が変わり、そして子どもが元気になってきます。そうしたケースに私もいくつか出あいました。

父親にしてほしいことは二つ。一つは妻を愛し支える役目。もう一つは子どもに社会規範を示すことです。やってはいけないことを教える一方、本人の努力やよいところを認め、励まして育てることです。子どもの甘えや弱み、不完全さをそのまま受容し、よしよし大丈夫だよと安心させる〝母性的機能〟。いけないことにきっぱりとけじめをつけさせたり、我慢や努力することを教える〝父性的機能〟。この両方がバランスよくあって、子どもの心も行動も安定するわけです。

あなたのお子さんたちもお父さんに正面から向きあってほしかったし、叱ってもらいたかった。そして頑張っている自分を認め、声をかけてほしかったのかもしれませんね。

さて、この四月から各自治体は子育ての支援活動を始めています。相談の間口を広げるだけでなく、自治体によっては、例えば、心理相談員、児童精神科医、児童相談所などが連携して相談者のニーズに対応するなどの動きも出てきています。一度窓口を訪ねてみてはどうでしょうか。自分を励まし力になってくれる人がいる、そう実感できたら、ほっとしますね。心にゆとりも生まれるかもしれません。まずはあなたご自身が、がんじがらめ状態から抜け出し、ご自身をとり戻すために、一歩踏み出されますよう祈っています。

＊＊＊

ひとことアドバイス

妻であるあなたや子どもたちがこんなに追いつめられた、危機的な状態になっているのに、いくら仕事人間とはいえレンタルビデオに見入っていられるなんて信じられない感じです。仕事に逃げているのですね。これはもう夫と本格的に対決する以外ありません。その方法の一つに〝書き置きして家出する〟……まあこれは冗談ですが「一体あなたは私や子どもたちのことをどう考えていらっしゃるのですか！」と本気で、眦《まなじり》を決して立ち向かうこと、すべてはそこからはじまるように思います。そしてその時の夫の態度、言葉によって次の展望が開かれるでしょう。

7 金銭感覚のルーズな息子

＊＊＊

息子の事で大へん悩んでおります。

長い間、競馬やパチンコにお金を使い、結婚してからは嫁に給料を握られているため、サラ金に手を出し、借金に苦しむようになりました。親には関係ないことと面倒は見ないつもりでしたが、泣きつかれて、何度か借金の返済を助けてやりました。住まいは父親名義で10年前に買った中古住宅に住み、高校生と小学生二人の娘がいます。

近年は特にあれているので、このままでは健康にも勤めにも影響が出ると心配になり、半年ほどは親元から仕事に通わせるようにしました。朝8時に出勤し、夜中に帰る生活でも、休むことはなく、休日もアルバイトをしているようですが、サラ金の返済には、やけ石に水というところです。

一昨年末、父親のカードで２００万円以上引き出していたことが発覚。「もうわが家への立ち入りは禁止」と申しわたしました。それでもどうも心配だなと思ったところに嫁から、家のお金を20万円近くもち出したことを知らされました。彼女は大へん倹約家で息子には借金の返済のために12万円と小遣い2万円しか渡さず、息子がどんなに困っていても出してくれないようです。毎晩帰りが遅く外食になるのでお金がかかるのと、サラ金の利子に追われて自転車操業をくり返していました。夫婦ゲンカの末、また息子がわが家に転がりこんでくることになりました。

今度こそ借金をくり返さないためにどうしたらいいか、本人とよく話し合い、高利のサラ金と、友達への借金合わせて12万円と、小遣いとして毎日2000円ずつ現金で渡すことにしました。夜遅く帰っても家で食べられるように用意し、連絡ノートをつくって明日の弁当の要、不要を書かせています。夜遅く帰るので、夕方の中食用におにぎりも持たせています。息子はとても感謝し、毎日ありがとうありがとうと言っています。

何とか立ち直ってほしいとの思いから、しばらくは親元から通勤させ、親の愛情を注いでやることが必要かと考えています。

ボーナスは直接妻のところに入金されるので、本人にはいくら出たかも知らされない状態です。

私の夫は、体調をくずして10年以上寝たり起きたりの生活をしていますので、遅く帰る息子を心配しながら待つことがだんだん辛くなってきたようです。夫婦の心が離れたまま息子を家におくのはいやだと言い出しました。

私が息子の嫁と話し合おうと思いますが、息子はちょっと待ってほしいと言い、なかなか同意しません。自分の家でも、トラブルをおこすのがいやで我慢し、息子だけはみ出しているとしか思えません。まだ友人に借りたお金があり、ボーナスで返すと言っていますが、多分嫁には言えないでしょう。本人が変わらなければ解決しないのですが、それをどう援助していったらよいのでしょうか。アドバイスをお願いします。（大阪市N・T）

＊＊＊

〈相談の回答〉

これからお話しすることはこれまでのあなたの努力や息子さんへの思いに水をさすようで心苦しいのですが、解決の方向にすすんでいただきたくてあえてお伝えすることにしました。

ギャンブルやサラ金にはまって、当人の健康や家族関係、社会生活が破綻しかねないのにやめられない状態を「依存症」といいます。息子さんの場合もその傾向ありと考えて対策を立てる必要があるように思われます。依存症者の傍には当人を助ける支援者がいます。息子さんの場合はあなたがその役割を担っていますね。

例えばサラ金のとり立てに追われて泣きついてきた息子さんに代って借金を返済したり、不始末の尻ぬぐいをしてあげる、叱ったり、説教したり、おだてたり。食事の世話も日常の面倒もあれもこれもパワフルに引き受けて。あなたの働きで窮地を脱した息子さんはあなたに感謝し、二度としないと誓いを立てるのですが、しばらくするとまた不審な請求書が舞いこんで再び修羅場のくり返し。今度こそつき放すべきか、と悩んだ挙句の結論は、もっと愛情をかけて面倒をみようというものでしたね。

もしもあなたが心を鬼にして援助を断ったとしたらどのような展開になったのでしょうか。想像することさえ苦痛に思われるかもしれません。「私がしてあげなければこの子はどうなるのか」と。あなたの不安は助けたり世話をしたりすることでむしろ軽く楽になるのでしょう。その上、自分こそこの子の役に立っているという自負心、満足感があなたを元気にしてくれる、そう、あなたはわが子に生きがいをもらっている。だから支援者の役わりを捨てられないのです。

一方息子さんは、あなたの心の内を感じとるのでしょう。うまくつきあって甘え上手なのではありませんか？

「共依存」ということをご存知ですか。ともに相手を必要とし依存し支配しあう関係です。双方とも都合がよければそれでいいではないかと思われるかもしれません。しかし、共依存関係に縛られているかぎり依存症からの回復はあり得ないのです。息子さんが直面している困難をあなたが肩代わりしていては問題解決は望めないのです。問題に立ち向かい、問題を自分がひき受け、問題をのりこえるのは息子さんの課題です。息子さんに任せましょう。息子さんが自分の人生を生き直すチャンスだと思って。苦しい課題になると思います。

でも体験のすべてが息子さんを成長させてくれる筈です。息子さんを信じて見守ってあげて下さい。

依存症などに関する詳しい情報は地域の保健センターで知ることができます。専門の相談機関も紹介してもらえると思います。まずはあなたが踏み出しましょう。解決への第一歩を。

※参考図書〈治療相談先・自助グループ全ガイド〉『アディクション』調査・編集ＡＳＫ（アルコール薬物問題 全国市民協会）

＊＊＊

ひとことアドバイス

「長い間」とありますが息子さんには若いころからギャンブル癖があったのでしょうか。

〝一寸息抜きに〟という程度でなくサラ金に手を出したり友だちから借金を重ねるほどの「癖」が。そのことがわかっていたらそれをなおしてからでないと結婚には不向きだったのですよね。

多分奥様（息子さんの妻）はそれに気づき危機感を持たれたのではないかと思います。「妻に給料をにぎられているため自由なお金に困り……」というのは余りに息子さん寄りの解釈のように私には思われるのですが。

そう考えているあなたと、息子さんの妻が向かいあえばおそらく嫁姑戦争が始まり、当の息子さんはその間にはさまってむしろ「傍観者」になるでしょう。

一番の問題は息子さんがギャンブルを絶つかどうかです。そのためにあなたと息子さんの妻とが、結束して当ることは考えられませんか？息子さんの幸せのためにも。

8 実母への心の葛藤が解けない私

＊＊＊

はじめまして、三一歳の専業主婦です。

現在、家を改築中で祖父母とは別居していますが、夫と四歳と一歳の息子、実母、祖父母の七人家族です。

父は一人っ子の私が生後数カ月のときに他界しましたので、母が働いて、短大まで出してくれました。家庭では祖母が母代わりをしてくれていたので、自分でもおばあちゃん子だと思うほど、祖母に対して深い愛情を感じています。

ご相談したいのは、五五歳になる母のことです。とても子どもっぽいところがあり、ホトホト困っています。

母の性格を知っていただくために、少し例をあげてみようと思います。

夫は毎日帰宅時間が遅く、午前0時を回ることがほとんどです。私が夫の体を心配すると、「私だって疲れているのに、何も言わない」とブツブツ言う。

「そんなこと自分で言ったらだめよ」と言うと、怒ってしまいました。

夫が家を建て替えたいと言ったときも、「どうして私の家をつぶすの？ 私はこの家でかまわない」と、怒りました。母の気持ちもわかりますが、祖父母の足腰が弱くなっており、椅子の生活をさせてあげたいとの思いや、築四〇年近く経って傷みが目立ってきたなど、いろいろな事情から決めたことでした。

そして、とうとう言い合いになると、「もう私は死ぬ！」とか、「死んだら恨んで、のろってやる！」とか、思い出すだけでも嫌になる言葉を発します。夫もこれにはうんざりしているのですが、それはそれで、「私のことなんか全然大切にしない。ひどい婿だ」と非難します。

こんな母に私は小さいときからあまりなつかず、今でも気持ちは遠く離れています。できれば別居したいと思うことも（現実には無理ですが）。仲良く心を許して何でも話し合うようには、とてもいきませんし、何とか歩み寄ろうと努力しても、私には根本的に理解できないことが多く、話したくないと思ってしまいます。好きか嫌いかに分けるとしたら、私はやはり「嫌い」を選ぶでしょうし、心の母は、いつも祖母なんだと思います。きっと母もそれがわかっていて、かわいくない娘と思っているのでしょう。私がよかれと思ってしていることも、全然別の見方、取り方をしてぶつかることもしばしばです。

今は仕事をしていますが、定年で一日家にいるようになったら、私は毎日嫌な思いをしなければならないのでしょうか。母には母の言い分があるでしょうが、物事のとらえ方が余りにもゆがんでいる気がします。今後、この母とどうやってつき合えばいいのか、ぜひ相談にのって下さい。

（静岡市S・A）

＊＊＊

〈相談の回答〉

ご家族の中でお母様は、自分が孤立していて大切にされていない、と感じておられるようです。あなたがお祖母様と親密な分、寂しいのだと思います。あなたにぶつけられる不満や反発は、そうした感情の屈折した表現かもしれませんね。だからといってあなたが責任を感じるとか、お祖母様との関係を変えるという問題ではありません。感情は自分のものです。自分の感情をどう扱うかはお母様自身の課題であり、同様にあなたも、お母様やお祖母様への思い、どうつきあうかを自身できめてよいことです。

できることなら、お母様との間にすこし距離をとって、母親と自分をいくつもの角度からみる目をもち、自分の感情やふるまいをみつめてみる。娘というよりひとりの女性として、想像力をいっぱい働かせて、お母様の心に近づいてみるなど……、これまでとは違う視点と距離のとり方を考えてみてはどうでしょうか。〝この人の感じ方は私とは違う、嫌な人だ〟〝この人の考え方は私とはちがう、問違った人だ〟一般に人は「自分とちがう」ことに抵抗感をもち、否定的に受けとめがちです。はじめは相手との単純なくい違いにすぎなかったものが小さな異和感となり、いやな感じとなり、受け入れ難くなり、大嫌いになり、やがて相手の存在そのものを否定したくなってくる。

「ちがい」がもとになった人間関係の破綻は

結構多いものです。「ちがい」はちがいとして尊重しあえたら、それは互いの成熟した関係といえますね。そうした関係のもち方に近づく一つの方法として、小さな異和感を小さなうちに「何かちがう気がする」「ちょっと嫌だな」などと表現してみるといいと思うのです。小出しに伝えることで、相手を否定したい気持や怒りの感情をコントロールできるのではないか、「ちがう」と感じているのは自分なのですから。

また別の見方をすれば〝同じであることに安堵し、同じであることを望む心の働き〟といえるでしょう。お母様の反発を認めたくないあなたの側に、〝同調〟してくれて当然なのにという思いがありはしないか、またお母様の側にも、自分のやり方に娘を従わせたい思いがあるかもしれませんね。互いが互いを縛りつけるような関係なのでしょうか。「心は遠く離れて」しまっているのに、です。

互いが縛りつけをやめて、相手のあるがままを認めあえれば、互いの心はおのずと近づいてゆくのではないか。それをまずあなたの方からやってみてはどうでしょう。例えば、説得したり、批判と思われやすいもの言いを一切やめてみること、などです。相手のために「よかれと思って言う」ことが諍いの種になるだけなら、黙ってやり過ごしてみるのも一策。もしどうしても言いたいなら、相手を咎めるのではなく、自分の気持を伝えるといいと思います。「私は困っている」「そういう言い方をされるととても怖い」など。

トラブルを避ける対策として、物理的、金銭的、時間的な工夫もできますね。お金を出しあって必要な経費をまかなう。時間をずらすことで、お互いを動きやすくするためのとり決めをしておくなど……。他人との共同生活なら当然のことなので、検討してみてはと思います。

お母様がこれまで一人で頑張ってこられたこと、その心の痛みをあなたと夫がどこまで理解し、ねぎらいの気持で接してあげられるのか、関係修復の鍵がここにあるように思います。困難な作業でありますが……。

＊＊＊

ひとことアドバイス

「他人との共同生活なら当然のこと」をしてみたらどうかと、妻が最後のところで書いていますが、まさにその通り。他人なら自分とはちがったべつの人格的存在として接するのに、なまじ親子とか身内であるために、礼儀知らずのことを言ったりしたりすることがある。あなたもそのことに気をつけると同時に、相手の無礼な振る舞いにも穏やかに、しかし毅然と対処する——これは決して冷たい関係ではなく、むしろ互いに気持よい関係だと思うのですが。

9 家を出されてしまうのでしょうか

＊＊＊

公務員の夫は仕事人間で、以前からよく職場に泊まっていました。私（五〇歳）は義母や身体の不自由な義姉をかかえ、心休まる時のなかった私のぐちを聞くのを避け、気づいたら四年間別居していました。子どもは高校と中学生の娘、大学生の息子は遊学中です。

子どもが小さい頃は、食事や着替えをもって、夜職場を訪ねたりしました。電話をして、いるのを確認して会いに行ったのに、姿を消していたこともありますが、夫はうつ病をかかえているので、これも病気のせいと思い追求しませんでした。そんな中でも夫は生活費をきちんとくれていたので、日常に困ることはありませんでしたが、私には〝単身赴任〟と思ってくれといい、五年間の破綻期間稼ぎをしていたというのが本当のところでした。

三年前、義母は義姉を施設に入れる条件を満たすために、他市へ引っ越していきました。そして今夏、車の買い替えでディーラーが来たとき、〝一緒に見えた方が奥さんだと思った〟といわれ、夫に女の人がいると知りました。〝義母たちが出ていったのも、すべて私のせい、面倒を見てくれると思ったから結婚した〟と言われ、私はお手伝いさん代わりだったのかと思うとショックでした。弁護士にも相談していますが、私自身、どこかでまだ夫のことが好きで、気持の整理がつきません。

女性の存在がわかった途端、夫は私が持参金をいくら持ってきたか、子どもの養育費にいくらかかったなど、人間性を疑うほど口汚くののしります。五年前にバレていたら全面的に非を認めたけれど、今は彼女との生活が始まっているので謝らない。〝あんたはきらい〟と。

夫の言葉を真に受けて、パパは大事な仕事をしていて忙しいから家に帰って来られないのだと子どもたちに説明し、一人で子育てをしてきた私は目の前が真っ暗になりました。話し合いをしたいと上司に相談しても、〝何年も気付かなかった奥さんも悪い〟と言われてしまいました。上司から職場で公にすると言われてあわてた夫は、奥さんと話し合うように言われたからと一回だけ、二、三時間帰ってきましたが、それ以降接触はありません。

かつて周囲から女性がいると忠告されても、夫に限ってという気持から、判断が遅れたのも事実です。義母には〝あなたも新しい人をみつけて〟と言われますが、私自身は、健康な間は子どもたちに頼ることなく、自活できるようにと思って、ずっとパートで働いています。夫の扶養から外れたときも気に入らなかったようで、ボーナスが減ったと今になって言われます。子どもの手が離れたらやりたいと思う仕事につながる職種だったので、見習いのつもりで働いてきましたが、夫は私の暴走を止められなかった、うつ病も私との生活が合わなかったのが原因といいます。大学受験を控える娘には、夫が電話で話し、大学へ行く経済的援助はすると言ったようですが、どうなることか。この家から学校に通うという下の子は引き取るが、お前は出て行けと言います。それは法律的に認められることなのでしょうか。私が精神病になりそうです。（大阪R・H）

＊＊＊

〈相談の回答〉

お手紙を何度か読み返し、その度にあなたの無念な思いが伝わってきて、私も辛い気持ちになりました。とくに夫が離婚を決めたあとのあなたへの仕打ちの酷いこと。用済みになった品物を片付けるかのようなやり方ではありませんか。憤りを覚えます。

夫のことばに〝五年前にバレていたら全面的に自分が悪いが……〟というのがありましたね。解りにくい上、何かがひっかかるのです。五年前に問題が表面化していたなら自分の行為を反省したり責任をひき受ける余地があった、とおっしゃるのでしょうか。関係修復の可能性があったとでも……？　過去をむし返しても仕方ないけれど、過去を整理しないと前へすすめない、とも思います。ここではあなたと夫の関わり方に注目しつつ、一般論も混えながら問題点を探ってみましょう。

夫に限ってまさか、という思いこみが対応を遅らせたとあなたはおっしゃっています。思いこむことで不快な事実を直視するのを避けられたし、夫との対決を先延ばしにできた、のかもしれません。夫にとっても好都合だったのではありませんか。実は変だなと思う最初の頃の対応はとても重要です。妻（夫）の心配な気持ちを伝えて納得のいく説明をしてもらう。それは夫に対する関心と、夫との関係を大切にする姿勢を示す行為なので、夫にも対応の覚悟を促すことになります。こうした真剣対決が、これまで言えなかった不満を吐き出すきっかけになり、夫婦関係をゆさぶり、立て直すことにつながる可能性があります。

しかし文面を拝見すると、お二人はぶつかり合うことができなかったようですね。こうした夫婦では、夫（妻）は自分の感情、特に不快な嫌な気持ちをことばにするのが苦手です。そして相手の愚痴や苦情、攻撃の受け手になりがちです。表出されない不快な感情が大きくなったものが「怒り」。怒りが限界をこえて爆発したり、関係に耐えられなくなって逃げ出しても、そこに至る感情のプロセスが相手にみえないために、〝何故突然いなくなっちゃうの？〟〝何故そんなに怒るの？〟と相手はびっくりするばかりです。こうしてみると、日常よく会話をし、けんかもする夫婦は、関係が健康的といえるのかもしれません。

さて、相手が我慢していることに気付きにくい妻（夫）にも関わり方の癖があるようです。自分はよくしゃべる、自分を伝えている、相手に聴いてもらっている、ので自分たちはコミュニケーションができていると思っているようです。では、相手は自身を伝えているか、自分は相手のことをよく聴いてあげているか、問われてみると、相手は殆ど話していないし、自分は聴いていない、対等なコミュニケーションになっていないことに気付きます。実はしっかり聴いてもらえないと、自分を表現する力は育ちません。子どもも同じです。あなたと夫の場合はどうでしょうか。

今あなたの一番の心配は、この家を出されるかもしれないということですね。結婚以来あなたはこの家で三人の子どもを育て、夫、義母、義姉を支え休む間もなく働き続けてこられました。あなたの努力がなかったら、家族の暮らしは成り立たなかったのではありませんか。何かの理由があったにせよ、不倫し、離婚を計画的に狡猾にすすめようとしている夫に分があるとは思えません。あなたを支援してくれる友人や弁護士の力を借りて闘って下さい。健康にくれぐれも留意されて。

＊＊＊

ひとことアドバイス

本当にうつ病なら、というのも変な言い方ですが、だとしたら、四年も五年も、公務員の仕事を続けられるのかどうか――。いまさら言っても、ですが、一つひとつけじめをつける、納得して生活する姿勢があったら、こうまではならなかったかもしれない。

夫の側の言い分もきっとあるはずですが、やはり弁護士に入ってもらって、それなりに白黒をつける以外ないのでは、と思いました。

〝もう五〇歳〟と考えるよりは、〝まだ五〇歳〟。誰のためではない、あなたのための人生づくりに意識を切りかえる時期のように思います。

＊＊＊

10 姑との距離のとり方に苦しむ

ご相談にのっていただきたいことがあります。私は結婚3年目で、夫と1歳10ヵ月の娘がいます。一人っ子である夫の母と2階建ての二世帯住宅に住んでいますが、義父は6年前に病気で亡くなっています。

二世帯住宅なので玄関、キッチン、風呂場などは別ですが、鍵はかかっていないので自由に出入りができます。娘が生まれて以来、義母は嬉しさのあまり、私にも私の母にも抱かせないほど娘を離しません。娘に対する義母の目が怖くて、私は娘をとられてしまうような気持ちになり、部屋に来られるのも、会うのも嫌になってしまいました。

自分の母親には娘をかわいがってもらいたいのですが、義母には抱っこも、娘と親しくするのもして欲しくないと思ってしまいます。義母は福祉の仕事をしていて、人間的にも優しい人です。しかし、度が過ぎているのではないかと思うほど「おせっかい」で、仕事場の人たちの間でもそう言われているようです。

今の私のような状況はよくある話だと思うのですが、義母の一言ひとことが気になり、イライラしてしまいます。また、何かにつけて、「孫が息子の小さい頃にそっくりだ」と言われるのも嫌です。私自身、姑との関係がこんなふうになるとは思ってもみませんでした。この気持ちは、産後すぐに夫に話しました。夫は理解してくれて、私の心が落ち着くまで無理をして義母に会わなくていいと言ってくれました。それからも自分なりに姑を食事に招くなど努力しているのですが、会話の端々に嫌味を感じて、その後1ヵ月ほど会わないこともあります。どうしてこんな性格なのかと自分を責めたり、姑を憎んだりの繰り返しで、このままでは娘にも悪影響を与えてしまうし、自分自身もダメになるので、仲良くしなくてはと思います。育児は大変ですが娘がいることが幸せで、夫婦親子はよい関係だと思います。

私は3人姉妹の末っ子で跡取のはずだったのですが、一人っ子の夫と結婚して家を出たため、両親は老後のことを気にしているようです。それもあって、内孫と一緒に住む義母だけにいい思いをさせたくないと思ってしまうのですが、これは全て私のわがままなのか、気持ちをどう処理してよいのか分かりません。娘にはいつも笑顔のお母さんを見せていたいのですが、家族みんなが幸せになる方法はあるのでしょうか。

一緒に暮らしているのに、会わない日が一週間も続くのはやはりおかしいですよね。おかしいと分かっているのに、わざとしている自分がいて、そんな自分に息が詰まりそうです。だからといって姑が度々私たちの部屋に来るのは疲れます。私はまず何から努力していけばいいのか、教えてください。（千葉M・K）

＊＊＊

〈相談の回答〉

お姑さんの実像やあなたとの関係、とくにお姑さんはあなたをどうみているのかなどがわかりませんので、あなたの実感とずれてしまうかもしれませんが、一般論も含めて書いてみます。

生まれたばかりのわが子をお姑さんは一人占めして離さず、あなたはわが子をとられてしまいそうで怖かったとおっしゃっています。出産後の独特の母子の関係などを重ね合わせてみると、あなたが感じた〝恐怖〟が読み解けるように思います。出産直後の心身はホルモンの急激な変化で不安定になり、赤ちゃんの小さな変化に過敏ですし、不安感もあります。そしてこの時期の母子一体化の体験。わが子を胸に抱き、喜びもその不安もわがものとしてひき受け、母親になっていくプロセス。母子密着が子のためだけでなく、母親にとっても後の養育行動を左右する重要な意味をもつとされる理由です。そう考えるとあの時の恐怖とは、こうした一体化を脅かされる不安であり、また母親であるご自分の存在が無視されたように感じての怒りであったかと推測します。ここに至るまでの嫁姑関係も影響しているのでしょうか。

一方お姑さんの方ですが、孫の誕生がただただ嬉しくて、ご自分の行為がもたらしたことに思いが至らなかったような感じを受けます。また息子と孫を並べて似ているとかいないとか、世間にありがちな話であっても、傷ついたあなたの心は受け入れ難く、姑への憎しみはエスカレートしてしまう。1年10ヵ月、憂いと恨みを抱えての子育ては辛かったことでしょう。また夫にも娘にも、とても気の毒なことでしたね。問題解決の手助けになればと願って、3つほど提案してみます。

一つは、あなた方夫婦と姑の間に〝境界〟をつくるということ。境界といっても関係を遮断するという意味ではなく、互いの自立性を尊重しながら、必要な時には声をかけ合い、ほどよい距離をもった風通しのよい関係です。姑を訪ねたり迎えたりするのに、互いが納得できる頻度ややり方があるのではありませんか。話し合って決めたらいいし、あなたが話しにくければ、夫に話してもらうのもいいと思います。互いの願いをちゃんと言葉にし、相手の願いも尊重していきたいものです。受け入れてもらえるかどうか、やってみなければ分かりませんが、一度ダメでも諦めないで、伝えて折り合って歩みよって下さい。成りゆきに任せると、悪意はなくても侵入しすぎたり、巻きこまれたりします。

次にあなたのご実家との関係について。跡取のはずであったあなたが他家に嫁いで、親をみてあげられなくなったわけですが、あなたはそのことに負い目を感じているのでしょうか。そして、あなたからみると父母と比べて、いい思いをしているように見える義母を憎らしいと思ってしまう。この感情はあなた自身がつくっているもので、義母には関わりのないことです。実家の父母とあなた方夫婦の間にも境界が必要ですね。これが崩れると、あなたと夫との関係にひびが入りかねません。父母があなた方に援助を求めてきた時、どう支えてあげられるか、夫とともにできることをしてあげたらいいと思います。

最後にお子さんの立場から。お子さんはおばあちゃん（姑）が好きですか。子どもは祖母と母に気遣いしたり、時には双方への親愛の気持ちを引き裂かれるような辛い経験をすることがあります。子ども本来の自然なやさしい感情を大切に育てるためにも、大人同士、知恵をしぼって解決なさってください。

＊＊＊

ひとことアドバイス

いろいろとお考えのようですが、要するにあなたと姑さんとは相性がよくないのでしょうね。相性がよくない人とは無理して仲良くしようなんて思わないほうがいい、むしろ互いにプライバシーに深入りしない〝風通しのよい距離〟をとることが大切。「度が過ぎると思うほど、おせっかい」とはどんなことかよく分かりませんが、具体的に〝こういうこと〟があればあなたから、またぜひ夫から静かに伝えてもらうこと、何度でも。「娘をとられてしまうこと」なんてありませんよ。自分にも人にも〝こうすべき、ああすべき〟という「べき論」を傍において、深く大きく呼吸してみてください。いろんな人と生きて行くわけですから。

村瀬幸浩

村瀬敦子

雑誌掲載時の写真

第三章　パートナーシップの行方

エピソードⅦ

力強い支えあればこそ

七転八倒の日々

妻敦子に肺癌が見つかったのは、２０２０年12月だった。発見段階で「ステージⅣ、完治なし」と宣告された。私も呼ばれて告げられた。衝撃ではあったが、２００７年に乳癌が見つかった経験もあったせいか、妻の様子もその時にくらべると腹がすわった感じがした。乳癌の時は顔色もかわって、診断を受けた数日後、風呂敷包みに預金通帳その他貴重品をまとめて、「あとはよろしくね」と私に差し出した。明日にでも命が亡くなる気配を感じて、私もうろたえたが手術後、熱心に通院し無事治癒した経験を積んでいたせいか、その時よりも冷静な様に見えた。

今回、がん細胞はすでに肺にひろがっていて切除手術は不可能なため、点滴による、後に抗がん剤服用による治療が始まったのである。――しかし、ここは治療の経過をくわしく述べる所ではないので、以下略す―。点滴治療の期間は、入院が必要であったが、抗がん剤服用に切りかわった後は、通院治療であった。そして、しばらく後、がん細胞の脳転移が見られ、放射線治療が必要となった。妻はさまざまな副作用症状と斗いながら、約2年の月日をすごした。私も可能な限り、通院付添いを最優先して日をおくった。やがて、二度目の脳転移がみられた。病院から二度目は「全脳照射」といって、脳全体に放射線照射をするが、以後転移がすすんでも脳照射はしないと言われた。私たちは全脳照射を受けるかどうか話し合った結果「受けない」選択をした。この選択については事前に子どもたち（娘・息子）に了解を得ておく必要がある。その時息子に送ったメールのメモが手帳に書き残してあった。「がんの脳への転移について全脳照射治療を行うかどうか。1回目の治療の辛い体験をくり返したくない。吐気、倦怠感、皮膚疾患、味覚障害、脱毛などの可能性と81才という体力や症状がもたらす負担（今回の治療は10日間ほど続くとも）など考えるとそうした治療は受けたくない気持がお母さんには強くあるし、それは無理のないことと思って、お父さんも同意したい。今後症状があらわれたら緩和ケアをおねがいするようにしたい。理解して下さい」。

こうして、私たちは、放射線治療を断った。

23年9月12日、敦子は自宅の部屋の中でふらつき、転倒した。階段をふみはずしたわけでも、どこかにつまづいたわけでもなく、めまいがしてふらつき、タンスにぶつかって、ドンと尻もちをついた。はじめは打撲かと思ったが病院で腰椎圧迫骨折と診断された。この日から小タイトルに書いた七転八倒の日々が始まったのである。私としては、かつて経験したことのないほどのうろたえ、混乱、しかも一刻の猶予もない対応を迫られる日々であった。ともかく、これまでは重い病いを抱えているとはいえ、日常の起居動作には深刻な支障はなかった。それが一拠に奪われることになったのである。私は動転した。妻の日常生活の介護をどうするか。妻の食事の準備、補助、排泄の介助、就寝中のケア、それに自分自身の食事のこともある。――娘の朋子が職場の上司との話し合いで業務について、実家でのリモート勤務を認めてもらったりなどして、全面的に支えてくれたのは、何物にも代えがたいことであった。というよりもそのことなくしては、私たちの暮らしは崩壊していたと思う。私はこうした暮らし方の破綻を予見し、妻の入院先をどう見つけ交渉するか、肺ガンと腰椎骨折の両方を背負ったクライエントの面倒をみてくれるところがあるのかどうか、そうしたことが可能な施設をどう見つけるのか、探して決めなければならない。しかも短期間に。

乏しい情報の中からある病院のことが耳に入って、私はとんで行った。二つの深刻なトラブルを合わせもったクライエントをひき受けていただけるかどうか。が、そこで出会ったある医療機関の相談室担当の方とのやりとりが掛け替えのない救いとなった（こちらの事情をていねいにていねいに聴きとっていただいた）。コロナ禍のもとでの入院は、見舞いの条件がきびしく、面会は週一回、二時間に限られる。しかも面会者は一人だけといわれた。私はその答えに一瞬力が抜けてしまった。そして、そうではなくて、もっと患者とコミュニケーションがとれる施設がないのかどうか、私は重ねてお話をし、そういう施設を探して教えていただけないかとおねがいした。その担当の方は、私の窮状を正面から受けとめ「そうした関係の情報をお持ちの方に当たってみますので、一晩待ってください」と応えて下さった。翌日、その方から連絡があり、「公立の施設や一般の病院ではむずかしいが民間の施設であれば可能性があります」と三つの施設を紹介して下さった。その中の一つにリハビリ付き有料老人ホーム「グランダ仙川」があった。なんとその所在地は現在の私の住まいから歩いて10分足らず、車を運転しない私には望外の喜びで、願ってもないところであった。私は直ぐにグランダ仙川に赴き、こちらの条件を示しながら、入居の交渉に出かけた。その結果、施設の責任者の方が拙宅に出向かれて妻の病状を確認するなど、いくつかのやりとりを重ね、10月5日、入居にこぎつけたのである。

暖かい支援のかずかず

9月12日の転倒、腰椎圧迫骨折から施設入所までの約23日間の暮らしは、これまでの人生で直面したことのないもので、私たちはこの間実に多くの人たちの援助によって生き延びてこられた。まず、妻のために、紙オムツを持ってきてくれた和光高校卒業生の小林さんご夫妻は、ご自分たちのご両親の介護の経験から真っ先にその必要性を感じてくれたに違いない。私は当初、紙オムツはどこで買うのかも知らなかった。それから、室内を移動するのに役に立つ歩行器を持ってきて貸してくださった。このおかげでしばらく妻は苦労しながらも私たち家族の介助を得て、力いっぱい自力で辛うじて排泄出来た、その時の表情をいま懐かしく、そして、幾分涙ぐみつつ思い出す。

また、妻の桐朋学園勤務時代の同僚の方々の支援も本当に有難かった。私の仕事柄、講演ばかりではなく、取材、インタビュー、対談などすでに約束していたものもあり、途中で断れないものもある。そのため自宅を空けざるをえない時の妻の看病、介助を旧同僚の方々にお願いし引受けていただいた。こうした数々のご支援があってこそ私の仕事も何とかギリギリ破綻しないで、続けることが出来たのである。

また、ここでわが娘、息子の献身的な助力についても記しておきたい。

特に9月12日の転倒、骨折から施設入所（10月5日）に至るまでの時期、また、呼吸困難がはじまり酸素吸入装置をつけるようになった2月7日からの時期は大変であった。施設には医師は常駐していないため、何かの異常が発生した時、職員が医師の指示を受けて酸素吸入器を操作しなければならなかった。そうした時に、その職員が親族の器材操作の了解を得なければならない。そのため、夜も同室に居ることが求められた。それを私と娘の朋子が交代して担当することにしたのである。私と朋子は互いのスケジュールを示し合いながら、週七日を二人で分け合って泊まることにした。息子の剛一は、勤務先が神奈川でもあり、また、彼自身介護の業務に携わっているので、自分の事情で休暇をとることは不可能であった。それでも彼は自分の仕事の体験から得た教訓をもとに介護生活について、的確なアドバイスをくれたり、転倒当初、簡易ベッドを急遽自宅に設置するなど、求めにすぐに対応して、心強い手助けをしてくれた。

娘の方はリモートワークなど、会社から認めていただけたが、本人自身の家庭生活がある。それゆえ夫の理解協力が欠かせなかったのである。今回、介護の全期間にわたりパートナーの幹太さんの全面的な理解と支援があったことには、心から感謝の気持ちを表したいと思う。

エピソードⅧ

終の住処《すみか》に生きる

10月5日　リハビリ付き老人ホームに入居した。嵐のような七転八倒の日々が一段落して、ようやく生きた心地が取り戻せた。施設の方でも入居してきた者が安心して一日も早く日常の暮らしを取り戻せるようにいろいろと配慮されていた気がする。

11月2日の私の誕生日（82回目）、思わぬサプライズがあった。いつものように面会に行き、ホームの玄関を入ったら、妻が入口に車椅子でいて私に「お世話になっています。ありがとう！」と感謝の花束を手渡してくれたのである。妻と施設の理学療法士（リハビリを担当していて、妻と親しく接してくれている職員の方）とが相談をし、仙川の街の花屋さんにその方が車椅子でエスコートしてくれて花束を求め、二人で用

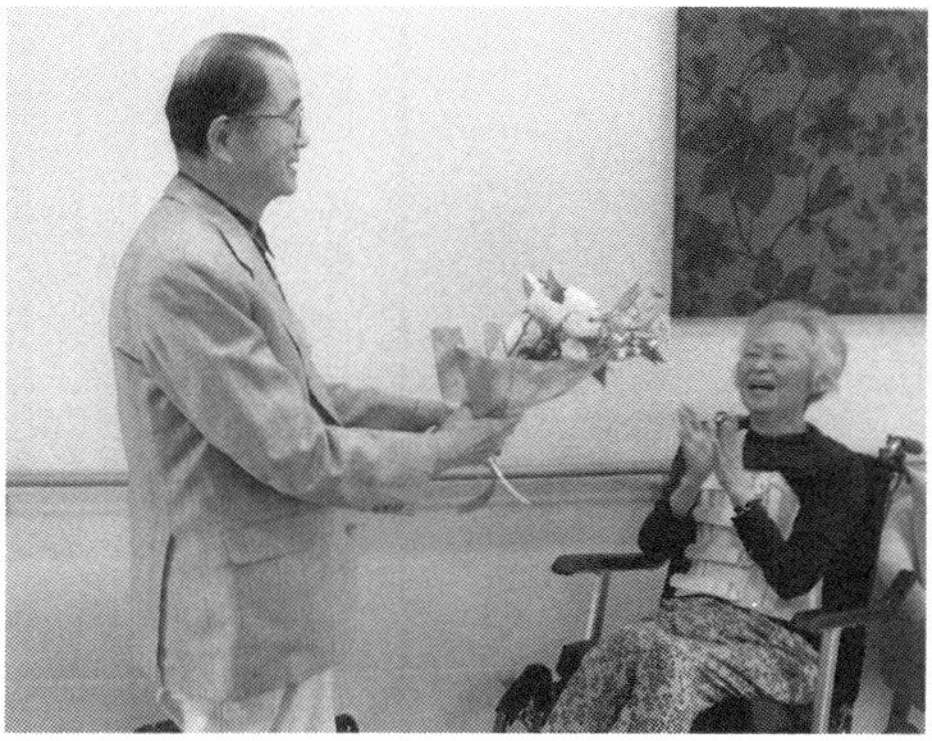

私の誕生日に妻から私に対する感謝の花束を。
グランダ仙川にて

意をしたそうである。妻とともに入居者や家族にこうした心づかいをしてくれる施設に私は大きな安心感を抱くことが出来たサプライズであった。

――私の人生で一番の幸運とは――

ある日、どんなきっかけだったか、ベッドに横になっている妻と、見舞いに来てくれた人の身の上ばなしや職員の方とのやりとりなどおしゃべりしていた時のように思う。不意に敦子が「私の人生をふり返って一番の幸運は村瀬幸浩という人をゲットしたことだよ」と言い始めたので、私はビックリした。それまで敦子が会話の中で〝ゲット（get）〟という言葉を使ったことがなかったせいもある。「えっ！」。〝ゲット〟という言葉もそうだが、話の中身の〝自分の人生の中で最大の幸運〟というのも初耳だった。私は驚くと同時にとてつもなく嬉しい言葉だと思った。それで「えっ！　もう一度言ってみて！」と聞き返した。そうしたら敦子は同じ言葉をくり返したのである。「えっ、嬉しいなぁ。その言葉を聞いて生きていく力が涌いてきたよ」などと言いながらベッドの近くに寄って手を握った。

胸がいっぱいになった。涙ぐみそうになった（実は少し涙ぐんだ）。それから敦子は一寸間をおいて「これは、本当のこと」と落ち着いた声でたしかめるようにつぶやいた。私は妻の様子全体からこの言葉はいつか妻が私に言いたいことだったのではないかなと思った。だから、「どうして突然そんなふうに言う気になったの？」とか「どんな理由で？」などと問う気もしなかったし、問うても答えなかっただろう、答えられなかっただろうと思った。言うとしたら「理由？　そう思っただけ」と答えた気がする。それでいい。私の生涯があとどれくらい続くがわからないが妻のこの言葉はくり返し、私を激励し続けることになると思う。

――初めてのキス、どこでしたか覚えてる？――

敦子ががん治療のために以前別の病院に入院していた頃、元々テレビを観ることにあまり興味を持たないせいか夕食後の時間を持て余していた。そのために私に本の差し入れを求めてきたことがよくあった。今回リハビリ施設に入って少し落ちついてきた頃、本を読みたいというので、好きなあさのあつこの本など、持っていってみたがやはりベッドで読み続けるのはしんどいことだったのだろう。ページもそのままになっているようであった。そこで私は「じゃあ　読みきかせしようか」「仙川の本屋さんに〝ライオンのおやつ〟(小川　糸著)というのがあってね。ほら、入居前にテレビドラマで観たでしょ。ホスピスで暮らした女性の話。いいドラマだったよね」、何回かの連続ドラマを珍しく私たちは大体一緒に観ていた。「うん、いいよ」という妻の返事があったので、一回のページ数(というか読書時間)を大体決めて読みはじめた。

何回目かのとき、主人公の雫という女性が地元でぶどう栽培をしている青年タヒチ君と出会って心通じ合い　キスをする場面があった。そこを読みすすんで一息おいた時、妻が「お父さん」と私に声をかけてきた(妻は私のことをずっと「お父さん」と呼んでいた。なにか深刻な話のときは「あなた」と言うが、大抵は「お父さん」であった。父親を早く(2歳で)戦争で亡くしたこともあり、親しい年上の男性である私にかけやすい言葉かと思って、到頭そのままですごした)。そして、続けて「私たちが初めてキスしたの、どこだったか覚えている?」とたずねてきた。私はすぐに「覚えているサ、そりゃー」と応じた。「小田急線の喜多見駅の近くの下宿に友だちの明子さんと一緒にあんたが住んでて、ある日デートの帰りに下宿まで送っていった、その近くの路地でだった」「よく覚えているね」「覚えているよ　忘れないよ」。こんなやりとりをして私たちは急にくつろいだ気分になって、「じゃあ、あれをした時は、いつ？」とか「それをしたのはどこで？」などと少しふざけて喋り合った。こうしたやりとりをするとは思ってもいなかったが、それぞれ結構覚えていたり、あるいは思い出したりし、80すぎの年寄り同士で、こんなふうに話ができるなんて、万更でもないなと嬉しく思った（ちなみにこの本の読みきかせは、最終ページまでいかずに終った）。

――お父さん、歌、上手だったよ！――

三鷹市が主催する歌謡音楽祭に出演（といっても舞台で一曲歌うだけであるが）しないかとカラオケグループのメンバーから誘われた。11月23日、会場は三鷹市公会堂だという。何度か熱心に誘われているうち、お付き合いのつもりで「いいですよ」とこたえた。歌うなら「花として、人として」（歌・島津亜矢）がいいかなと思っていた。サークルの中に以前その歌をうたった方がいて、聴いていたらメロディも歌詞も心に響いてくるし、島津亜矢の歌唱には以前から強く惹かれていたからである。期日が近づいてきて、ふと「こんな機会、滅多にあることではないし、敦子にきかせたいなぁ」と思い始めたら、矢も楯もたまらなくなって　妻に話してみた。そして「こういう歌だよ」と居室でうたってみた。「どう？　聴きに来てくれない？」「公会堂でしょ。無理でしょ。入口は階段の上の方でしょ」「行ける手立ては何とかするから　聴きに来てよ」などとやりとりしながら、私の思いは「ぜひ聴かせたい。聴いてほしい」というように募っていった。そして、車椅子のまま公会堂へ行ける自動車の手配、着いてから会場までのスロープを押してくれる人（こうしたことはすべて介護施設の方が手配し、担当していただいた）。会場に入ってから、車椅子の人が座れるスペースへの案内（これはカラオケサークルの人が担ってくれた）また、その日の施設での妻の昼食はキャンセルとなるため、娘におにぎりなど持ってきてもらった。こうして、いろいろな方に協力していただけるように段取りをすませて当日を迎えた。

心配症の妻は、自分の想像の及ばないところでことが進んでいくことが気がかりであるし、色々な人たちのお世話を受けることにも気が重く、出かけること自体に積極的な気持になれないままでいることが私にはよくわかった。しかし、ここまできて引き返すわけにはいかなかった。

こうして当日、数分間の私の熱唱が終わった。このような大きな舞台での歌唱はなんと70年ぶり位であった（地元の劇場で歌っていたのは10才くらいまでであった）。

歌い終って舞台から降りていった私を敦子は満面の笑みで迎えてくれた。その時の笑顔は本当に久し振りと言っていいほどのもので、忘れられないだろう。「お父さん、上手だったよ。よかったよ！」と両手を思いきりひろげ、大きな拍手の仕草をしてくれた。

無理させたけど、実行してよかった！　と思った。

施設に帰り「疲れただろう。今日は来てくれてありがとう」と言ったら、「ああいう場に初めて行っ

歌謡音楽祭で歌った私を舞台下で出迎えてくれた時の笑顔をほうふつとさせてくれた一枚（これはクリスマスのオーナメント（装飾品）づくりをしている時のもの）。グランダ仙川にて

て珍しかった。いい経験させてもらったわ。歌う人たちがこの日のために衣装を作ったり、着飾ったりして、イキイキして見えたわ」「そうだね」。妻の眼には、かつて自分が日本舞踊の発表で国立劇場の舞台に立った、その時の姿がよみがえっていたのだろうか。

帰り際に「今日はずいぶん強引にひっぱり出して、ごめん」と言ったら、「うん」とうなづいた。

日舞の発表会の時、撮影したもの

――やだ！　やだ！　やだ！　こんなくらし、やだ！――

インターネットとかパソコンとか、そうした通信機器に、いまなお不調法な私がスマートフォンだけは電話代わりにだけ重宝に使っている。このありがたさを知ったのは妻が肺癌の治療のために入院した時であった。コロナ禍の中、病院に面会に行けなかった頃には、スマホは命綱のようなものであった。その頃妻にはまだまだエネルギーがあって、夜、その日にあった出来事やお互いの様子を交信するのは大きな楽しみでもあった。顔を合わせたら、口に出さない些末なことも文字を通じてなら、伝え合うことも出来る。その意味では、スマホでの交信によって交流はむしろ深まったといって過言ではなかった。

しかし、今回の施設への入所時には、腰椎圧迫骨折からくる体力の減退、疲労の蓄積、コルセットの常時装着など、ものを書いたり、読んだりすることが日々不自由になって、スマホによる交信も間遠になってきていた。幸い施設と私の自宅は歩いて、10分足らずの距離なので（しかも、体温が37度に届いていなければ面会はいつでも可能であった）交信が間遠になっても、さして不自由ではなかったのである。

ところがある日の夜、スマホが鳴ったので、いそいで開いたら、「やだ！　やだ！―」という文字がとびこんできて、ビックリした。「やだ！」に続けて、「―自分で行きたいところへも行けない。しものことも全部ひとまかせ、ひとの手を借りなければ、なにもできない。夜も天井ばかり見てるだけ、なんのために生きているのか、こんなのやだ　やだ　」

一所懸命つづったに違いない。そしてこの文章のあとに「生きていてもしょうがない」とか「死にたい」などの言葉が続くのではないか。私はしめつけられる思いで文字を追った。だが、そうは書いてはなかった。

あくる日、私は施設へ行って妻の気持ちをあらためて聴こうと思った。聴いてもどうしようもないがともかく聴いて妻のやるせない、腹立たしい思いを吐き出させた方がいいと思った。でも、妻は私の顔を見ても自分から言葉を発することはなかった。しばらく、時をおいて、「昨日、メール　読んだよ」「つらいね。本当につらいね。同感だよ」と私から声をかけた。が、妻は黙ったまま天井を見ていた。私は胸がいっぱいになって、その後に続ける言葉を発することが出来なかった。そして、この話は、妻が亡くなる日まで、二人の話題になることはなかった。

――妻の寝顔をみながら――

2月に入って、一時期、呼吸困難におそわれ、医師の判断で酸素吸入の措置がとられるようになった。それに伴い、いざ酸素吸入器の操作が必要な事態になった場合に備えて、身内の者が毎日夜間も妻の居室に居ることが求められるようになったことはすでに述べた。装着しはじめの頃は仮設ベッドでもあり、また深夜、職員の方が各部屋の様子をチェックに訪れることもあって緊張して眠れないこともあったが、段々様子がつかめてくると私も娘の朋子もそれぞれ深夜まで、本を読んだり、仕事をしたり出来るようにもなった。妻は処方される薬のせいもあると思うが、日々眠っている時間が確実に長くなっていくように思われた。

丁度このころ、以前からNHKのEテレより出演依頼を受けていた番組（朝までラーニング「人間と性」5月5日放送）のスタジオ収録が3月31日と定められ、その日に間に合うよう脚本というかすじ書きの検討をディレクターとすべく準備が進行していた。妻の居室に連日、泊まらなければならない事態が生じたとはいえ、ここで日程を崩すわけにはいかない。一方、娘の朋子も自分の業務の遂行のため、妻の食事用のテーブルを臨時のベッドの脇にひき寄せ、デスク代わりに深夜に至るまで課題にとりくみ続けることになった。

ある晩、私はいつものように書きものをしながら、妻の様子を伺った時、いつもよりも心地よさそうに眠っているのみて、自分の筆がリズミカルに軽くすすんでいくような気持がした。そこで、朋子にメールを送った。「お母さんの寝顔を見ていたら、随分仕事がはかどるような気がして調子いいよ」と。そうしたら、「それはとても素敵な夫婦のイメージですね」と返信がきた。「素敵かー」と。照れくさい気がしたが、娘の頭にそんなイメージが浮かぶとしたら、それは嬉しいことだなと少しにやけた。

――したいこと、もっともっとあったね――

24時間、酸素吸入のための鼻カニューレをつけることで、容態は安定し、眠りの時間が長くなっていく。それだけに話が出来る時間には、なるべくやりとりしよう。耳を傾けることにしようと思っていた。ある夕方、妻が「お父さん、添い寝出来たらいいね」と声をかけてきた。「えっ?!」と言いながら、言葉は聴きとれていたので、「うん、出来たらいいね」「・・・」「いや駄目だよ。カニューレつけてるし、酸素吸入器からは管が出ているし・・・」「・・・」「管にひっかかってトラブルになったら、過失致死罪になっちゃうよ」

などと笑ってこたえた。私をからかって言ったつもりなのだろうか。妻は微笑んでその後なにも言わなかった。

それから、何日かして今度は「どこか~行きたいね」と問いかけてきた。「あっいいね。どこへ行きたい？」とたずねたら、一寸間をおいて、「浅草かな？」「・・・」「人力車乗りたいね。人力車であちこち行きたいね」「そりゃあいいね。乗ろうか？　車椅子で人力車に乗れるのか、調べてみようか？」そして、「浅草へ行ったら、〝並木〟のソバ食べよう」とか「久しぶりに〝小柳〟のウナギ食べたい」とか「〝舟和〟の芋ようかんもあるしね」・・・浅草は公会堂で、正月に若手歌舞伎の恒例の公演があって私たちは、何度か出かけたことがあった。歌舞伎がお目当てだが街のあちこちを歩きながら、おいしいお店を探して廻るのも大きな楽しみであった。敦子の頭には、そうした記憶があれこれよみがえっていたのに違いない。私は部屋を出て携帯で、浅草のあれこれ案内を検索してみた。そしたら、車椅子のまま、人力車に乗せてくれるところが三ヶ所ほどあるらしいことがわかった。そこで、ひょっとしたらと思って、介護施設の事務所へ行って実現可能性についてたずねてみた。「そうですか。しかしまず浅草までどうやっていくかですね。東京横断ですからね」「相当時間がかかるし」「酸素吸入のボンベや敦子さんの体調や体力やいざ何かの時の看護や介護やトラブル対応のことも・・・」。そうだよな、実現なんて土台無理だよな、とぬか喜びに浮き立った自分を恥じた。でも部屋に戻って「駄目だったよ」と言う気もしなくて、「浅草は遠いんだね」というだけで話は終わった。妻は「どうなの？」ともたずねなかった。初めから実現可能性などあるはずがないとわかっていたに違いない。

でも、添い寝のことも、浅草のことも、言ってくれてよかった。聴いてよかった。どちらも実現は出来なかったが、妻の心に、大好きな着物を着て、人力車に乗って、浅草の街を爽やかな風に吹かれ揺れている自分の姿を思い浮かべる幸せを奪いたくないと思った。

告別式　ごあいさつ

本日は、ご多用のところ、ご会葬、ご焼香いただきまして、ありがとうございました。

敦子存命中は、みなさま方にいろいろとお世話になりましたこと、まず、心より御礼申し上げます。お別れに際し、敦子が体験した病いの経緯と人生の歩みの一端を紹介させていただきたいと思います。

〈敦子の病いの経緯〉

敦子の病いとの戦いは、２００７年の乳がんから始まり、不整脈に対応するペースメーカー入植手術と続き、２０２０年末に肺腺がんが見つかりましたが、発見段階で「ステージ４」と宣告されました。以来足かけ４年の治療の過程で脳転移したことがわかり、さらに転倒による腰椎圧迫骨折など、誠に思いもかけない病院通い続きの歳月を過ごしました。

しかし、振り返ってみて、その歳月が暗い日々であったわけでは、決してありません。旅行会社に勤務する娘のエスコートで海外に何度も出かけたり、観劇に、コンサートになど、一緒にずいぶん楽しみました。本日バックグラウンドに流れる音楽は、一緒に観に行ったスペイン映画の「Talk to her」、敦子お気に入りのサウンドトラック盤です。また、病いを重ねた後、入居した施設では、五ヵ月余り、職員の方々の心のこもった介護に癒され、くつろいだ日々を過ごさせて頂きました。そのリハビリ付老人施設のみなさんに作成して頂いた掲示物を会場でご覧ください。

こうしてやがて最後の看取りに向けて、延命のための治療はしないという本人も含めた医師との合意のもと、痛み、苦しみを味わうこと少なく、安らかに旅立って逝きました。

〈本人の歩み〉

さて、敦子は私とともに暮らした共働きの58年の間、桐朋女子中学高等学校の保健体育の教師として、舞踊教育や性教育にチャレンジしました。日本舞踊については、名取免許をいただく程、打ち込みました。稽古の日には学校の仕事が終わった後、汗をぬぐう間もなく、あわただしく和服に着替えて、稽古場に駆けつけていきました。その熱心さは、のちに以前から強い関心を持っていたカウンセリングの家族心理士資格を得るため、夜学に通う日の姿と重なって、体中、意欲がみなぎるような迫力に私は感心していました。トコトン納得がいくまでやる、性根の座った人であったと思います。

そして、彼女は、女子高校を定年を待たずして退職し、残された生涯をカウンセラーとして体力が続くまでとりくみました。それらのすべてをパートナーとしての私は、大変いとしく、また誇りに思います。

今日は、こうした人生のさまざまなステージでかかわってくださった皆様に見送っていただいて、敦子は、この上なく喜んでいると思います。

以上をもってあいさつに代えさせていただきます。

今後、私ども遺族に対し、故人同様のお付き合いを頂けますようお願い申し上げます。

本日は本当にありがとうございました。

２０２４年３月24日　　喪主　村瀬幸浩

補章　支えられて　ひとり　生きる――頼る勇気、感謝する心――

〈いつかひとりで生きていくのか〉というタイトルの文章を私は書いたことがある。書いたのは２００８年。『素敵にシニアライフ』（大月書店）という、妻との共著のしめくくりの文章としてであった。それはこんな書き出しで始まる。

「二週間にわたる妻の入院期間中、私はひとりで夕食を食べることになった。二週間に及ぶとか二週間にわたるなどと書くと〝たかが二週間、何とオーバーな〟と言われそうだが、私には「及ぶ」とか「わたる」と表すほどずいぶん長く思われた」。

これは、妻が乳がんの手術を受けた時（２００７年）のことを書いたものであった。

＊　＊　＊

この期間で一層痛感したのは、食事がでたらめになることであった。時間も中身も。私は普段結構まめに台所に立っていて、朝も夜も時間があればこそだが食事担当を分担してこなしている。ところがひとりということになったら途端に意欲が失せたのである。食べることなどどうでもよいというか、仕方なく食べるという感じで、辛うじて作ったおかずも食卓まで運ばず台所で立ち食い、つまみ食いする始末。これにはわれながら正直驚いた。「調理とか料理というのは実は食べてくれる人がいるからするものだ」と、つくづく思わされたのである。しかももともとひとりで外食することが好きではないために食事は急速に劣悪化、そのせいもあってか減量に成功という副産物を手にできたが。

多人数の家族（十人家族の六男）で育った私には「ひとりで生きていく」ことなど、全く想像したこともなかった。しかし、子どもがそれぞれ一人立ちし、はたまた妻が入院する事態を前に一挙にひとりの恐怖感に襲われたのである。かつて、さだまさしは〈関白宣言〉という歌をヒットさせた。私は、その歌詞にいろいろ軽い反ぱつを覚え、自分で歌うことはなかったが次の最後の一節だけには共感する。「・・・俺より早く寝てはいけない、（寝てもいい）、俺より遅く起きてはいけない（起きてもいい）」だけど「俺より先に死んではいけない・・・・」。

もっともわが村瀬の家系の男たちはどちらかというと短命タイプで、親爺は66（実にいまの私と同年齢）、長兄は60歳、次兄は何と50代半ば、つい先日逝った三兄こそ70代後半まで生きてくれたが、それでもやっと平均寿命に達したばかりだった。だからというわけでもないが乳がんを患った妻よりもいまのところはるかに元気な私が突然ポックリと逝っても何の不思議もない。しかもそれは私の望むところでもある。

と、ここまで書いてきて、ふと思った。これは〝妻依存症〟？。「症」とはいわないまでも依存傾向があるのかな、と。そうかもしれない。どうもその気はありそうだ。だとすれば、これからの私の課題は「ひとりでも生きる」考え方と力を身につけることになるのだろうか。

だがどうにも自信がない。自信がない気持ちと同時に「そもそも人間、ひとりっきりで生きることなどできはしないのだ」という開き直りの気持ちもある。誰かと、いろいろな人びとと心を開いてつながりあって、頼って頼られて生きていけばいいという脳天気で根拠のない楽天性が顔を出す。

ともあれ、「煩悩」に足をとられながら、もがきながら、あとしばらく生き続ける私のことをどうかよろしくと、妻を筆頭にして多くの人たちにおねがいすることにしよう。

＊＊＊

16年前によく書いたなあと思う。いま考えていることとはほとんど変わっていない。その妻がいなくなった今、いよいよひとり生きる決意を新たにしなければならない。

高齢、ひとり身男性へのはげまし

(1) ひととつながる　つながろうと手をさしのべる

80を越したころから　自分の周囲にもパートナーを亡くした方が結構おいでになることに気づくようになった。自分がその身になったからでもあるが、性別を問わずそうした方たちの噂など耳に入るようになった。そんな時、よく聞くのが、妻を亡くした夫と、夫を喪った妻のその後の様子の違いを表す話題である。その中には、時折面白ろおかしく脚色したものも含まれるだろうが概して残された夫の寂寥、困惑、衰弱ぶりとそれに比較してむしろ生き返ったような、快活な暮らしぶりをする妻との比較話が多い。しかも、どうもその傾向のちがいは本当にあることらしい。

おそらく、それは男性は子どものころから大人になってもずっと、ひととくらべられたり、競争させられたり、ひとよりも抜きん出ることこそ良い、とされる環境で育てられることが多いということが原因の一つとして挙げられるだろう。そのために人とともに、というよりも、人に頼らず生きる（そんなこと出来はしないのに）、暮らす時間が圧倒的に長い。それ故、人と共有する世界が小さく狭くなりがちになる。これはことの良し悪しではなく、長く続いた生活習慣によって身につけてしまった気質のようなものと思ったらいいのかもしれない。いずれにしても、妻を喪った夫、男性は瞬時にそのまま孤立しかねないのが現実ではないか。そうならないためには、手助けをジッと待っているのではなく、自分から誰かに声をかける、助けを求めることをしないと声をかけてくれる人はそうそういない。

私の場合、長年続けてきた「生と性を学ぶ会」（和光高校の教員時代の終わり頃から親の方たちとはじまり、その後メンバーは入れ替わりしながら、30年以上、いまも地域の方たちとともに開いている隔月の勉強会）のお仲間とのおつき合いがある。もともとこれほど長く続くとは思っていなかったが、集まった方々の熱意はもとより、参加された方々の子育てやご自分自身の生活上の不安、戸惑い、悩みなどを共有交流したいという気持が、集まった人たちとの信頼感、安心感が重なってきたことが魅力であったのは間違いない。かつて、この集まりのことを妻に話した時「それは集団カウンセリングになっているんじゃないの」と言っていたが確かにそうであろうと思う。その会の人たちが、この度、妻を喪い、ひとり暮し老人として、心細く新しいステージに立つことになった私のことを気づかい、さまざまな援助やはげまし、共感、助言を与えて下さることが力強く感じられとてもうれしい。また、独り食事の侘しさを少しでも癒し、話し相手になってあげようとのお気持ちから食事に誘ってくださることがある。しかも余計な誤解を生まないように（個人的にでなく、お仲間と一緒に）、早めのディナー、遅めのランチという形で時折り機会を作ってくださるのである。これは本当にありがたいことだと思う。

どうですか、ひとり身男性のあなたに、お喋り相手になってくれそうな人、相手になってほしい人はいませんか？　昔のお仲間に、趣味の合う人に、親戚の人の中に。探して声をかけてみましょう、声をかけられたら応じてみましょう。威張ったり、昔の自慢話でなく、なにを考えて生きてきたかとか、いま考えていること、健康のこと、不安なこと、家族のこと、生きる楽しさをどう見つけたらいいのか、そんなことを話し合える、聞き合える相手を求めてみましょう。自分から。

(2)　食事改革の一端

妻を亡くした男性が明日の暮らしからまず困るのは食事をどうするか。誰が食事を用意するのか、そして食べた後片付けは誰がするのかということではないだろうか。もっとも突然妻がいなくなるのでなければ、それなりにその時のための心構えや準備をするのだろうが、しかし、実際にいなくなってしまえば途方に暮れることになる。私の場合もそうだった。私はかねがね食事づくりには関心を持っていて、とくに妻が病いのため、時には入院で家を離れたり、家に居ても台所に立つことがしんどくなって以来私が食事づくりを担当していた。何をつくるかについては、新聞に載る「きょうの料理」らんなど欠かさず読んで、〝自分が作れる可能性がある〟と思われるものは切り抜いて残しておき、作ってみて評判のよかったものはノートに貼るという「レシピノートづくり」も結構小まめにやっていた。

しかし、新聞などに紹介されるレシピの多くは、「二人分」であるため（それ以前は「四人分」が主流で実際のくらしの食事には間尺が合わず役に立たないものが多かったが）１人になるとこれまた分量が多すぎてレシピノートは閉じてしまっていた。スーパーへ行って、野菜や肉を買うのにどれ位の量が適当なのか、キャベツも白菜も、時には大根も１／２、１／４（白菜など1／8もあった）と並んでいるが使い切る前に痛んだりして捨てる羽目になる。この前などニンジンが腐っているのに気づかないでいてビックリしたことがあった。

こうしたことなど(1)に紹介した人たちと話す機会があった時、今は「カット野菜」とか「冷凍野菜」など売っていて、必要な分だけ買ってサラダとして食べたり、煮物として使うなど、冷凍野菜はきわめて重宝だなどと教わることがあった。なるほど、野菜いためなど、無駄なく、とても便利に使うことができる。これは「発見」であった。昨今ひとりぐらし（別に高齢者でなくとも）の生活者がドンドンふえて（洗わなくてこのまま使えると表示してあるものもあった）需要が多くなっているのであろう。こうした指摘に促されてコンビニを少し廻ってみたらレンジであたためて食卓でそのまま食べられるおかず、スープなどなどその品数の多彩なこと!!——高齢、ひとり身男性の生活者にとってこれはもう見逃せないように思う。

高校の家庭科が男女共修になったのは１９９４年である。それまで高校では女子は家庭科、男子は技術科であった。これが国連で問題とされ、差別撤廃、解消に不可欠な課題としてわが国で家庭科が共修となったのである。そして、こうした動きの中で、性別役割分業主義の生活のあり方が性差別と結びつけて論じられるようになった。男女別生から男女共生に一つ大きく舵が切られたのである（私が子どもの頃など「男子、厨房に入らず」、男の子は台所に入らないというのが当り前のことであった）。

高齢者男性はそうした長く続いた男女別生の「常識」「意識」のもと、自立した生活者としての能力を身につけそこねて生きてきた。学校教育や家庭教育がそれを下支えしてきた。いわばその犠牲者といっていいだろう。そのために中々行動を変えるのはむずかしいと思う。だからこそ、生活力を身につけている人たち、多くの女性たち、そして男女共生時代を生きはじめた若い人たち（家庭科共修を経験した世代の人たち）に学んで、力を借りて少しずつ自ら重い腰をあげていったらどうだろうか。新たな能力の開発に向けて。

日常のくらしのすべてがワン・オペレーション、全く楽じゃありません。

(3) 娘とのおやすみコール

妻が亡くなって2―3ヵ月経ち、葬儀関係の始末やお香典返し、弔問にお出での方への対応などなど、そしてこれまで届けられた供花が少しずつ少なくなっていく頃、部屋の中が以前と同じようにガランとまた広くなった。そんなある晩、私は寝る時に、「おやすみなさい」と言っていない、当たり前のことだが「おやすみ」と言う人がいないことに気がついた。その時、感じたことは淋しいとか孤独というよりは孤立感からむしろ恐怖に近いものだった。誰も自分のことに心を寄せてくれる人などいないのではないか、そんな気持ちで毎日をおくるのは耐えられない――私はあくる日早速、娘の朋子に電話をしその気持ちを伝えた。そして、メールで「おやすみなさい」って送るから「わかった」「はい　おやすみ」だけでいいから返事をくれないか。〝朋子が先に眠るようなら、朋子の方から「おやすみなさい」って送信してくれないかなあ〟と。娘は「うん、いいよ」とこたえてくれた。ホッとした。それ以来、交信はずっと続いている。これは安否確認の意味もあるが、時には「今日は何をしたっけ」と一日を思い起こしたり気づいたことのやりとりもあり、生活の様子も伺いあえて嬉しい。これなど老いた父親の娘への甘えだと思う。しかし、それで安心できて、少しは心地よく生きられるのなら、もちろん同意を得た上でのことだが、いくらか甘えたり、頼ったりしていいのではないかと思っている。ただ、こんな言葉を添えておいた。「パートナーの彼（幹太さん）が毎晩交信しているあなたの様子を知ってうっとうしそうな様子でいることに気づいたら連絡してね。ストップするから」と。幸いその後も「お酒を飲んで帰ってきたら、その晩はおふろに入らないように」とか「明日は大分冷えるようだから、あたたかくして寝てね」などのメールが「おやすみなさい」とともに届いている。ホッとしている。だって、場合によっては丸一日、誰とも口をきかない日もあったりするのだから。いえ、一日とは限らない。何日も、ということさえあるのです。

(4) カラオケに集う人びと

長年会社勤めした父親が定年後、毎日、しかも四六時中、家の中にいて、食事など生活の世話などすべてしてもらうのが当り前、まるでそれが自分の権利であるかのように振舞う姿に辟易する家族の様子がしばしばドラマなどで描かれている。しかし、当の男性にしてみれば、実際に身をもてあましているのである。朝起きて「今日は何をする?」「今日はどこへ行く?」―これが本当に毎朝の悩みの種で、自治体の区民、市民センターのコーナーには開館と同時に入館して、新聞や週刊誌など読みあさるのを日課にしている男性たちも少なくない。だが、それは家族がいて身の周り一緒に暮らしている人たちの悩みであって、私のようにひとり身になれば「朝、なに食べる?」「なにつくる?」の自問自答からはじまる人もふえていると思う。しかも、暮らすとは食べることだけではないのである。

カラオケの集まりに顔を出そう思ったのは、歌うのが好きだったからである。「また、歌ってみたいな」とふと思ったからである。少し時間に余裕が出来るようになって、なにか気晴らしというか気分転換したいと思っていた時、新聞受けにカラオケサークルの案内のちらしが入っていて、「あっ、行ってみたいな」と思った。考えてみれば、現職の教員時代、体育や舞踊などいくつかの教育研究会活動に力を注いでいたころは、なにかほかの趣味活動にとりくむ関心も時間的余裕もなかった。囲碁、将棋、パチンコ、マージャン、ゴルフ、スポーツ、ジムでのトレーニング・・・その中には一寸だけ手を出したものもなかったわけではないが、打ちこむ程の気持にはならなかった。カラオケに惹かれたのは、私の場合やはり子どもの頃に舞台に立って歌ったりした、懐しい体験があったからだと思う。

サークルに顔を出して驚いたのは、集まる人たちがほとんど高齢の方であることと男性が多いことであった（これは偶然のことで女性がほとんどという集まりもあるようである）。もちろん、みなさん、うたが好きなのは当り前だが、優しい人だちだという印象がとても強かったことである。私はこれまで長い間いろいろな人たちの中で、活動してきたが、まずほとんど私が年長者であった。しかし、カラオケサークルでは、80を少しすぎたばかりの私は、むしろ若年者であった。若年者として年輩の人たちと時を過ごすことは、これまで殆んどなかった。それだけに当初重い病いを持つ妻とともに生きている私へのまなざしがとても温かいものに感じられた。「村瀬さん。奥さん、大事にしなさいね」と近くに寄って声をかけてくれた人たちの多くがご自身のお連れ合いを失った方たちであることを知って、胸がいっぱいになったし、大きな懐に包まれるような安心感を覚えたのである（その後、一年足らずで私もその身になるのであるが）。これは、実際に足を運んでみなければ、経験できないことであった。入会した時の自己紹介は名前だけ。前歴も年齢も何も言わない。自由参加の飲み会の時、少し前歴などわかることがあり、それも楽しいが、だからといって、なにかが変わるわけではない。歌って楽しければそれでいい。そういうスタンスで皆が参加する、参加できることが長続きする理由だと思う。キャリアなど無用というよりもむしろ有害である。そして、そうしたところに出入りすることは身も心も軽くしてくれるように思う。そのためには、まず、足を運んでみることである。

⑸　あんしんキーホルダー

いま私の手元に地元の地域包括センターから受け取った「あんしんキーホルダー」がある。ホルダーの表には私の登録番号が書いてあり、裏には支援センターの電話番号が書いてある。これを手にした経緯は次の通りである。6月はじめの頃、雨の日私はスーパーに買い物に出かけた帰り、傘をさしてやっと自宅が見えた当りで気持が急いて脚がもつれ、顔から転倒した。周りには誰もいなかった。顔から出た血がポタポタ落ちたまま家にかけこみ鏡を見てビックリした。あわてて傷口を消毒しガーゼを当てて、テープで止め、幸い駅前の皮膚科医院がまだやっている時間だったので、駆け込んだ。医師は「ともかく脳神経の異常がないかどうか検診を受けて下さい」と私を別の医院に促し、異常がないことを確認して手当てしてくれた。転倒による骨折もなくてホッとしたが顔の傷の手当てと治療にはそれからほぼ1ヵ月かかった。

この事故のことを振りかえった時、もしも転倒によって意識を失ったり、あるいは骨折によって身動き出来なかったとしたら、私はどうなっただろう。平日の夕方、あの雨の中。

人通りもほとんどない住宅街である。私は路上に放置されたままになるかもしれない。これは実際にありうる情況と考えざるをえない。そんなことを話していたら埼玉で民生委員をやっている親戚が「村瀬さん、そういう時のために予め包括支援センターに登録しておくといいですよ」とすすめてくれた。そこで、私はその助言を受けとめて、センターに出かけて登録をし、冒頭のキーホルダーを手にした。そして、「外出される時は、いつもこれを持って出て下さい。万一あなたが転倒して意識を失われたような時倒れたあなたの持ちものの中からこのナンバープレートを見つけた方が、プレートに書かれているセンターに電話し、キーホルダーに刷り込んである番号を言っていただければ登録してある持ち主の家や住所、名前がわかるようになっていてしかるべき所へ連絡できるのです。ですから、忘れないで持ち歩いてくださいね」と忠告された。そうか、そういうシステムが用意されているのか。しかも、これは市民誰でもではなく〝高齢の独居老人〟に限るということであった。

センターでは、次のように言われた「あなたのお知り合いで、あなたに何かあった時、助けに協力してくれる人の連絡先を2名登録して下さい」「なるべくあなたの住まいの近くの人で」。つまり、独居老人の場合は、その人の住所に電話をしても、それ受ける人はいないわけだから、家の人に代わって、対応してくれる人を知らせておくということである。私は妻の元同僚の方に訳を話して2名お願いした。さらに転倒した私の怪我・症状が深刻で手術が必要であったり、入院しなければならない時は、親族の了解がなければならない。その時のために親族の連絡先の登録も求められた。つまりキーホルダーだけ持っていればいいのではなく、必要とされる連絡先のメモも携行しないと十分に用をなさないだろう。そのため娘と息子の携帯電話番号も書きとめたがこれは大変だと思った。大変だが「このお爺さん、どこの誰？」ということで道に倒れた私が放置されたままにならないために、これだけの覚悟と準備が要ることを思い知った次第である。ただし、このプレートの有効なのは、平日の9時から17時まで、日曜、祝日は「休み」とあった。その時は？　という疑問も涌いたが、まず、転倒しないように気をつけないといけないということである。しかも私は地域社会にこういう仕組みが用意されていることを知らなかった。しかしこうしたことも、知っておくことが大切だとこのたびのアクシデントで気づいたのである。

⑹ 時には子どもたちと食事会を

次は、私からの提案。提案というか、私がしていること、しようとしていることの報告といった方がいいかもしれない。それは、ひとり身の高齢者の自分が時に、食事会を開き、子どもたちに集まってもらっているということである。

妻が元気なころ、私たちは正月には親子で集まって、一緒に食事をする企てをしていた。妻と私は、この集まりが済むと「やっと新年の休みがくるね」と言いながら、忙しくあれこれ準備していた。元旦はみんなそれぞれ「おせち」など食べるのだから、そうではないものにしようと妻が腕をふるったのはちらし寿司（しばしばうなぎを混ぜたもの）であり、私は時にはスペアリブなどを使って、もう少しガッチリした食べものを用意したりした。それも年が経つと私たちの体力も減退してきて準備がしんどくなってきたので、深大寺のおそば屋に席を借りて集まるようになっていた。初詣でを兼ねた正月の楽しみだった。

２０２４年の正月は深大寺には行けなくて入居している施設から妻を車椅子に乗せて連れ出し、色々な集まりで利用させてもらっている仙川駅前の「ジョージ」というお店で食事会をした。それが妻のいる最後の食事会だった。そして、３月妻は旅立った。

妻がいなくなったら、あの集まりもなくなってしまうのか。私はやはり寂しいと思った。そして、私が言い出しっぺになって食事会を開こうと思った。「おでん、食べに来ないか」と子どもたちを誘った。「お父さんが準備するから」。おでんなら複雑な準備はいらない。何かこれといった記念日でもない。みんなの都合がついた10月のある夜、〝おでん鍋の会〟を開いた。

どうだろう。お膳立てをするのは、時間に余裕のあるお年寄りがいい。準備も片付けもあまり手間のかからない「鍋」がいいように思う（そういえば、ひとり身になって「鍋」を食べなくなったことが食事の貧困感を一層つのらせているように思う）。おでんの会のあと、今度のお正月にはどうしようかという話になり、私の方から「常夜鍋はどうか」と提案し、常夜鍋ってなに？　とか、いいんじゃないの？　とかの声もあって多分そうなるだろう。いつまで続くかわからない。私自身の健康のことも子どもたちの家の事情や気持ちの持ち方、子ども自身も老いに向かっていく生活設計のこともある。—いろいろある、いろいろなことがあるから、時には一緒に食べて、おしゃべり出来たらいい、年１回と言わず、「鍋」もいろいろあるから、2回でも3回でも、ただし無理はしないで。
どうですか、高齢のお父さん。

少し長いあとがき

亡くなる前に、妻敦子とどんな葬儀をするのがいいか2、3度話し合ったことがあった。妻は「私の希望から言えば、ひっそりと家族やごく親しい身内や友だちだけで、家族葬というのかしら、そういう人たちに見送っていただければもう十分よ」と言っていたし、私もそうした希望に同意していた。しかし、その考えを実行するのは容易ではなかった。

エンバーミング処理（遺体の負担を軽くし、少しでも長持ちさせる処理のこと）のために、遺体を乗せた車が自宅を出入りするなど様子の変化に気付かれたご近所の方に葬儀の日をたずねられ、その方が葬儀当日は不在ということで、弔問にお出になり、香典をさし出された。その時、即座の対応にとまどって、受けとってしまったのである。以後、ご弔問の方々や葬儀当日においでになり、香典をさし出されるおひとりおひとりに事情を説明して、納得して戴けるのか、その場でのやりとりや問答について、実際の場面を想像するだけで、すっかり気が重くなってしまったのである。そこで私は娘と相談して、昔ながらのやり方ですすめようと早々に方針を撤回した。妻が生きていれば、「強引に決めてしまった」と小言を言うにちがいないがそうする以外にないと思った。

それから、葬儀、告別式が済んで出棺前に、ご参会、ご参列の皆さんに喪主としてする挨拶について、葬儀社からは、5分程度に、長くとも8分程と言われていたが、さて5分でなにを話すのか、話せるのか。私はこれまで、幾人もの方々の葬儀に参列したが、亡くなった方の生涯に、自分がかかわった時空間のことはそれなりにわかるが、その人がどんな人生を生きた方かとか、どんな病い、或いは事故で亡くなられたのかなどよくわからないままに、ご焼香して帰ったことがしばしばあった。特に通夜にだけ参列したときは、奈辺の事情など、ほとんどわからないまま帰ることもあったのである。それで私は、喪主としてしたあいさつを文書にして後日ご参列の方や通夜にのみおいでの方々に郵送でお届けすることにした（本書の中にも差し入れた）。

ひとの「死」は物理的になくなるときと人びとの記憶からなくなったときの2度あるというが、私は妻のことを少しでも長く人びとの記憶にとどめてほしいと思って、文字化したのである。実際に、あいさつ文を受け取った方々から「あの一文を読ませて頂いて、敦子さんがどういう方であったのか、よくわかって嬉しかった」とか「あの一文を家族で読んだら自分の親戚の中に敦子さんの知り合いがいたことがわかった」とか「葬儀に参列できなかった人たちとあの一文を読んで臨時の同窓会をやって、敦子先生を偲び、話し合いました」など感謝の便りが届いた。

ところで、このあとがきに本書刊行に直接かかわる出来事があったことを記しておきたい。葬儀後しばらく経って妻が使っていた机の周りを片付けていたとき、分厚なファイルノートを見つけた。何かなあと開いてみたら、雑誌原稿を切り抜いたもの、婦人之友社発行の月刊誌に、妻と私が二人してしばらく続けて書いた、読者からの「悩み相談とその回答」を掲載したものだった。読まなくなった雑誌や本など、かなり片付け、処分された中で、妻が（私とともに）書きのこした掲載分だけがファイルしてある、そのことに私は無言のアピール（「わたしのこと覚えていて！」というい わば自分の存在証明の叫びに似た）を感じとったのである。

私はそのことをエイデル研究所の熊谷さんに何かの立ち話のついでに話した。そうしたら「先生！ そのはなし、本にしたらどうですか？」「えっ！」。実は私はその頃、本にする意識など全くなかった。しかし、熊谷さんにそう言われた時、ひらめきというか「本にするとすれば、どんなイメージで一冊を考えればいいのか」という思いが一挙に刊行化への意欲としてめばえたのである。そして、すぐに熊谷さんに手紙を書いた。「エイデルが刊行に取り組んでくれるのなら、早速本気で考えるよ。いいかな？　それはとても嬉しい」「ええ、やりましょう、やりますよ」。こうして、8、9、10月の打ち合わせを通じて、本書の企画が急速にすすんでいったのである。私はとくに『婦人之友』（婦人之友社）からの原稿化については、星野恵さんに編集をおねがいしたいとご本人と熊谷さんにまず伝え了解を得た。性教協の代表幹事のお一人として星野さんが多忙なお仕事を抱えておられることを承知の上で、ぜひにとお願いしたのである。また、本文の原稿化をめぐっては、山口性教協の池岡幸恵さんにご協力をおねがいした。「手書き」の原稿執筆を旨とする私には、原稿の手早い処理は超苦手で、告別式のあいさつ文の原稿化の頃から池岡さんにご協力いただいていたが、特に本書の「エピソード」の原稿化については、私からの矢継ぎ早やのＦＡＸ原稿を手早く整理して活字化し、星野さん、熊谷さんに送信していただいた。このことによって、全体の進行がきわめてスムースにすすめられたのである。「村瀬さんの原稿を最初に読める幸せにくらべれば、苦労だなんて少しも思いませんよ。むしろ、ありがたいくらいで」などと身に余る嬉しい言葉を届けて続けて下さった。きわめて面映く思いつつ深く感謝している。

また、本書執筆に当たって、妻との共著からの引用を認めて下さった大月書店、先ほど紹介した婦人之友社、『季刊セクシュアリティ』で以前、連載をした「夢うつつ人生点描」からの一部引用を了解していただいたエイデル研究所、妻との対談の転載を認めてくださった『女性のひろば』編集部、さらに貴重な写真掲載を許可して戴いたリハビリ付老人施設グランダ仙川に厚く御礼申し上げる。

さて、この刊行本、完成次第妻の仏前にそなえて報告するのだが、妻は何と思うのか、「また、了解もなく強引にすすめて！」と小言をいうのだろうか、私は言わないと思う、言わないと思いたい。「いいね！　結構いい、ありがとう！」と言ってくれると思うし、そう思いたい。

そして、エイデル研究所、熊谷耕さん、本当にありがとう。

【編著者プロフィール】

村瀬 幸浩（むらせ・ゆきひろ）

1941年名古屋市生まれ。東京教育大学卒業。私立和光高等学校の保健体育科教諭として25年勤務後、一橋大学、津田塾大学、東京女子大学で「セクソロジー」の講師をつとめた。1982年「"人間と性"教育研究協議会」の設立に参画。日本思春期学会名誉会員、『季刊セクシュアリティ』初代編集長。著書に『男性解体新書』（1993年、大修館書店）、『男子の性教育』（2014年、大修館書店）、『ヒューマン・セクソロジー』（2016年、子どもの未来社）、『おうち性教育はじめます』（2020年、KADOKAWA）、共編著『50歳からの性教育』（2023年、河出新書）など多数。

生と性　生涯のパートナーシップ
支えられて、ひとり生きる

2025年3月16日　初刷発行

編著者■村瀬 幸浩
発行者■大塚 孝喜
発行所■株式会社 エイデル研究所
〒102-0073　東京都千代田区九段北4-1-9
TEL. 03-3234-4641／FAX.03-3234-4644
表紙デザイン■有限会社 ソースボックス
本文DTP■大倉 充博
印刷・製本■中央精版印刷株式会社

Printed in Japan　ISBN978-4-87168-723-2　C0036
（定価はカバーに表示してあります）